35 Ejercicios para aprender Scikit-Learn.

Desde Cero.

Índice.

Introducción.   **5**
   Instalación y configuración   6
Fundamentos de Machine Learning   **7**
   Conceptos básicos de Machine Learning   7
   Tipos de problemas de Machine Learning   7
   Evaluación de modelos   8
   Manipulación de Datos con Scikit-Learn   9
   Carga y preparación de datos   9
   Preprocesamiento de datos   9
   Ingeniería de características   10
Modelos Supervisados   **11**
   Regresión lineal: 11
   Regresión logística: 11
   Máquinas de vectores de soporte (SVM):   11
   Árboles de decisión y bosques aleatorios: 12
   K-Nearest Neighbors (K-NN):   12
   Redes neuronales con Scikit-Learn: 12
Modelos No Supervisados.   **13**
   Clustering (K-Means, DBSCAN, etc.):   13
   Reducción de la dimensionalidad (PCA, t-SNE, etc.):   13
   Análisis de componentes independientes (ICA):   14
   Detección de anomalías: 14
Validación y Optimización de Modelos.   **15**
   Validación cruzada: 15
   Ajuste de hiperparámetros: 15
   Curvas de aprendizaje y validación: 15
Pipelines y el flujo de trabajo en Scikit-Learn.   **17**
   Construcción de pipelines: 17

Persistencia de modelos: 17
Aplicaciones avanzadas con Scikit-Learn. **19**
Procesamiento de texto con Scikit-Learn: 19
Aprendizaje semi-supervisado: 19
Aprendizaje reforzado básico con Scikit-Learn: 20
Ejemplos prácticos y casos de estudio **21**
Clasificación de spam en correos electrónicos: 21
Predicción de precios inmobiliarios: 21
Segmentación de clientes para marketing: 21
Detección de fraudes en transacciones financieras: 22
Predicción de enfermedades en el campo de la salud: 22
Ejercicios Prácticos utilizando Scikit-Learn **24**
Ejercicio 1: Regresión Lineal 24
Ejercicio 2: Clasificación con K-Nearest Neighbors (K-NN) 27
Ejercicio 3: Clustering con K-Means 30
Ejercicio 4: PCA para reducción de dimensionalidad 33
Ejercicio 5: Detección de anomalías 36
Ejercicio 6: Regresión Lineal 39
Ejercicio 7: Clustering con K-Means 42
Ejercicio 8: Reducción de dimensionalidad con PCA 45
Ejercicio 9: Detección de Anomalías con Isolation Forest 48
Ejercicio 10: Clasificación con Support Vector Machines (SVM) 51
Ejercicio 11: Evaluación de Modelos 53
Ejercicio 12: Selección de Características 57
Ejercicio 13: Ajuste de Hiperparámetros 60
Ejercicio 14: Procesamiento de Texto 63
Ejercicio 15: Regresión Lineal con Datos Simulados 66
Ejercicio 16: Clasificación con Árboles de Decisión 68
Ejercicio 17: Clustering con K-Means en Imágenes 70
Ejercicio 18: Aprendizaje Semi-Supervisado 72
Ejercicio 19: Aplicación en Proyectos de Dominio Específico 74
Ejercicio 20: Clasificación con Random Forest 76
Ejercicio 21: Regresión con Support Vector Machines (SVM) 79
Ejercicio 22: Reducción de Dimensionalidad con t-SNE 81
Ejercicio 23: Detección de Anomalías con One-Class SVM 83

Ejercicio 24: Clustering Jerárquico   86

Ejercicio 25: Regularización con Regresión Ridge y Lasso: 89

Ejercicio 26: Clasificación con Gradient Boosting.   93

Ejercicio 27: Análisis de Componentes Principales (PCA) con
Imágenes.   96

Ejercicio 28: Agrupación con K-Means en Datos Simulados 3D: 99

Ejercicio 29: Selección de Características con Árboles de Decisión.
102

Ejercicio 30: Aprendizaje Semi-Supervisado con Mixture of
Gaussians (Mezcla de Gaussianas):   106

Ejercicio 31: Clustering con K-Means en Imágenes.   109

Ejercicio 32: Análisis de Componentes Principales (PCA) para
Visualización de Datos   112

Ejercicio 33: Árboles de Decisión.   115

Ejercicio 34: Validación y Ajuste de Hiperparámetros.   118

Ejercicio 35: Clasificación con Support Vector Machines (SVM):   121

Resumen y repaso de conceptos clave.   126

Recursos adicionales y próximos pasos: 126

Introducción.

¿Qué es Scikit-Learn?

Scikit-Learn es una biblioteca de código abierto para aprendizaje automático en Python. También conocida como sklearn, ofrece herramientas simples y eficientes para análisis predictivo de datos, incluyendo algoritmos de clasificación, regresión, clustering, preprocesamiento de datos y herramientas de modelado. Se basa en las librerías NumPy, SciPy y Matplotlib y se destaca por su facilidad de uso y su énfasis en la consistencia y la legibilidad del código.

Historia y evolución de Scikit-Learn

Scikit-Learn fue lanzada por primera vez en 2007 como un proyecto del European Organization for Nuclear Research (CERN) y se desarrolló como un proyecto colaborativo. Desde entonces, ha experimentado múltiples versiones y actualizaciones, expandiendo su conjunto de algoritmos y funcionalidades. Ha ganado popularidad debido a su enfoque claro y su integración con el ecosistema de herramientas de ciencia de datos de Python.

Instalación y configuración

Para instalar Scikit-Learn, normalmente se utiliza el gestor de paquetes `pip`. La instalación básica se realiza mediante el siguiente comando en la terminal o línea de comandos:

```
pip install scikit-learn
```

Scikit-Learn depende de otras librerías como NumPy, SciPy y Matplotlib, por lo que es recomendable tener instaladas estas bibliotecas también. Una vez instalado, se puede importar Scikit-Learn en un script de Python utilizando:

```
import sklearn
```

Scikit-Learn suele ser parte de la distribución de Anaconda, una suite popular para ciencia de datos en Python, por lo que puede estar preinstalado si estás utilizando Anaconda.

La configuración básica involucra principalmente asegurarse de tener las dependencias necesarias instaladas y listas para usar.

Esos son los aspectos esenciales sobre Scikit-Learn, su historia, y cómo instalarlo y configurarlo para comenzar a trabajar en proyectos de aprendizaje automático con Python.

Fundamentos de Machine Learning

Conceptos básicos de Machine Learning

El Machine Learning es una rama de la inteligencia artificial que se enfoca en desarrollar algoritmos y técnicas que permiten a las computadoras aprender patrones y realizar tareas sin ser explícitamente programadas para cada una. Los conceptos fundamentales incluyen:

- Datos: Información utilizada para entrenar modelos de Machine Learning.
- Modelo: Representación matemática o algorítmica que aprende patrones en los datos.
- Entrenamiento: Proceso de enseñar al modelo patrones presentes en los datos.
- Predicción o inferencia: Uso del modelo entrenado para hacer predicciones sobre nuevos datos.
- Supervisado vs. No supervisado: En el aprendizaje supervisado, el modelo se entrena con datos etiquetados (entrada y salida esperada), mientras que en el no supervisado, el modelo se entrena con datos no etiquetados, buscando patrones intrínsecos.
- Validación y pruebas: Evaluar el rendimiento del modelo con datos diferentes a los de entrenamiento para verificar su capacidad de generalización.

Tipos de problemas de Machine Learning

- Clasificación: Asignar una etiqueta o categoría a una entrada. Ejemplo: clasificación de correos electrónicos como spam o no spam.

- Regresión: Predecir un valor numérico continuo. Ejemplo: predecir el precio de una casa según sus características.
- Clustering: Agrupar datos similares entre sí sin etiquetas predefinidas. Ejemplo: agrupar clientes en segmentos basados en su comportamiento de compra.
- Detección de anomalías: Identificar patrones inusuales o excepcionales en datos. Ejemplo: detectar transacciones bancarias fraudulentas.
- Reducción de la dimensionalidad: Reducir la cantidad de características en un conjunto de datos manteniendo la información más relevante. Ejemplo: PCA (Análisis de Componentes Principales).

Evaluación de modelos

- Métricas de rendimiento: Medidas para evaluar el rendimiento del modelo, como precisión, exhaustividad, exactitud, F1-score, MSE (Error Cuadrático Medio), entre otros.
- Conjunto de entrenamiento, validación y prueba: División de los datos en conjuntos separados para entrenar, validar y probar el modelo.
- Validación cruzada: Técnica para evaluar el rendimiento del modelo al dividir los datos en diferentes subconjuntos y entrenar/variar el modelo en ellos.
- Curvas de aprendizaje y validación: Gráficos que muestran cómo el rendimiento del modelo varía con el tamaño del conjunto de entrenamiento o con cambios en los hiperparámetros.

Estos conceptos son fundamentales para comprender cómo funcionan los algoritmos de Machine Learning, los tipos de problemas que pueden abordar y cómo evaluar la eficacia de los modelos construidos.

Manipulación de Datos con Scikit-Learn

Carga y preparación de datos

- Carga de datos: Es el proceso de importar datos desde diferentes fuentes como archivos CSV, bases de datos, APIs, etc., a un formato que pueda ser utilizado por herramientas de análisis como Scikit-Learn. Scikit-Learn provee funciones para cargar conjuntos de datos comunes, y también es compatible con librerías como Pandas para manipulación de datos.
- Limpieza de datos: Implica eliminar valores faltantes, manejar valores atípicos, convertir tipos de datos, etc. Esto es crucial ya que los modelos de Machine Learning pueden comportarse de manera inesperada si los datos tienen problemas.

Preprocesamiento de datos

- Escalamiento de características: Ajustar todas las características a una misma escala para que ninguna tenga mayor influencia solo por su rango numérico. Por ejemplo, normalizar o estandarizar los datos.
- Codificación de variables categóricas: Convertir variables categóricas (texto o categorías) en un formato numérico para que los algoritmos de Machine Learning puedan trabajar con ellas.

- Manejo de características redundantes o irrelevantes: Identificar y eliminar características que no aportan información significativa al modelo o que estén altamente correlacionadas con otras.
- Tratamiento de datos desbalanceados: Cuando una clase está muy subrepresentada en comparación con otras, técnicas como el sobremuestreo, submuestreo o métodos de pesaje pueden ser aplicados para manejar este desequilibrio.

Ingeniería de características

- Creación de nuevas características: Derivar nuevas características a partir de las existentes, combinando, transformando o extrayendo información adicional que pueda mejorar el rendimiento del modelo.
- Selección de características: Seleccionar las características más relevantes para el modelo, reduciendo la dimensionalidad o eliminando características que no contribuyan significativamente a la predicción.
- Transformaciones de datos complejas: Aplicar técnicas más avanzadas como el uso de funciones polinómicas, transformaciones no lineales, etc., para hacer que los datos sean más adecuados para ciertos algoritmos.

Estas etapas son fundamentales para preparar los datos antes de alimentarlos a los modelos de Machine Learning. Un adecuado preprocesamiento y una ingeniería de características bien realizada pueden mejorar significativamente el rendimiento y la capacidad predictiva de los modelos.

Modelos Supervisados

Aquí tienes una breve descripción de cada uno de esos modelos supervisados:

Regresión lineal:

Es un modelo que intenta encontrar la relación lineal entre una variable dependiente y una o más variables independientes. Se utiliza para predecir valores numéricos continuos. Busca la mejor línea de ajuste que minimice la distancia entre los puntos reales y la línea predicha.

Regresión logística:

Aunque lleva el nombre de regresión, se utiliza para problemas de clasificación binaria. Calcula la probabilidad de que una observación pertenezca a una clase particular. Usa la función logística para asignar valores a una de dos categorías posibles.

Máquinas de vectores de soporte (SVM):

Un algoritmo versátil tanto para clasificación como para regresión. Busca el hiperplano que mejor separa los datos en un espacio dimensional más alto, maximizando el margen entre las clases.

Árboles de decisión y bosques aleatorios:

Los árboles de decisión son modelos que dividen el conjunto de datos en subconjuntos más pequeños basados en ciertas características, formando una estructura en forma de árbol. Los bosques aleatorios son conjuntos de múltiples árboles de decisión que promedian sus predicciones, reduciendo así el sobreajuste.

K-Nearest Neighbors (K-NN):

Un algoritmo simple donde las predicciones se basan en la similitud con los "vecinos" más cercanos en el espacio de características. Funciona bien para datos con estructuras simples pero puede ser computacionalmente costoso para grandes conjuntos de datos.

Redes neuronales con Scikit-Learn:

Scikit-Learn también incluye una implementación básica de redes neuronales. Aunque las redes neuronales suelen asociarse más con librerías especializadas como TensorFlow o PyTorch, la implementación de Scikit-Learn proporciona una introducción simple a las redes neuronales para tareas de clasificación y regresión.

Cada uno de estos modelos tiene sus ventajas y desventajas, y su idoneidad depende del problema específico que estés abordando, el tipo de datos y el rendimiento requerido. Experimentar con diferentes modelos y entender sus capacidades te ayudará a seleccionar el más apropiado para tu aplicación.

Modelos No Supervisados.

Aquí tienes una descripción de los modelos no supervisados más comunes:

Clustering (K-Means, DBSCAN, etc.):

- K-Means: Un algoritmo popular que agrupa datos en k grupos basados en similitudes de características. Busca centroides para minimizar la distancia entre puntos y sus centroides.
- DBSCAN: Density-Based Spatial Clustering of Applications with Noise. Agrupa puntos basados en la densidad de vecindad, identificando áreas densas de puntos separadas por áreas dispersas.

Reducción de la dimensionalidad (PCA, t-SNE, etc.):

- PCA (Análisis de Componentes Principales): Busca reducir la dimensionalidad de los datos manteniendo la mayor cantidad de información posible. Transforma los datos en un nuevo conjunto de dimensiones ortogonales (componentes principales) que explican la variabilidad de los datos.
- t-SNE (t-distributed Stochastic Neighbor Embedding): Se utiliza para visualizar datos de alta dimensionalidad preservando la estructura relativa de los datos originales en

un espacio de menor dimensión, útil para la visualización de datos complejos.

Análisis de componentes independientes (ICA):

Un método para descomponer datos multivariados en componentes independientes subyacentes, buscando representar los datos como combinaciones lineales de fuentes independientes no gaussianas.

Detección de anomalías:

Se centra en identificar patrones atípicos o anómalos en los datos.

- Métodos estadísticos: Identificación de valores extremos basados en desviaciones estadísticas.
- Aprendizaje no supervisado: Modelado de comportamientos normales para detectar desviaciones significativas.
- Métodos basados en densidad: Identificación de anomalías basadas en regiones de baja densidad en el espacio de características.

Estos modelos no supervisados son fundamentales en la exploración y comprensión de datos sin etiquetas. Son utilizados para descubrir patrones, estructuras ocultas o anomalías en los datos que pueden ser de gran valor en diversas aplicaciones de análisis de datos.

Validación y Optimización de Modelos.

Aquí te explico sobre la validación y optimización de modelos:

Validación cruzada:

Es una técnica utilizada para evaluar el rendimiento de un modelo en un conjunto de datos limitado. Consiste en dividir el conjunto de datos en segmentos de entrenamiento y prueba de manera repetida, ajustando y evaluando el modelo en diferentes combinaciones de estos segmentos. Esto ayuda a estimar mejor cómo se comportará el modelo con nuevos datos, reduciendo el riesgo de sobreajuste.

Ajuste de hiperparámetros:

Los hiperparámetros son configuraciones que no se aprenden directamente del proceso de entrenamiento del modelo, como la profundidad de un árbol de decisión o la tasa de aprendizaje en redes neuronales. El ajuste de hiperparámetros implica encontrar la combinación óptima de estos valores para maximizar el rendimiento del modelo. Técnicas como búsqueda grid (cuadrícula) o búsqueda aleatoria se utilizan para explorar diferentes combinaciones de hiperparámetros.

Curvas de aprendizaje y validación:

Estas curvas muestran cómo el rendimiento del modelo cambia en función del tamaño del conjunto de datos de entrenamiento o de variaciones en los hiperparámetros. Las curvas de aprendizaje muestran cómo el rendimiento del modelo evoluciona a medida que se agregan más datos de entrenamiento, mientras que las curvas de validación muestran cómo varía el rendimiento con diferentes configuraciones de hiperparámetros. Estas curvas son útiles para identificar si el modelo se beneficia de más datos o si está sobreajustado.

Estas técnicas son esenciales para asegurar que los modelos de Machine Learning sean generalizables, evitando el sobreajuste y encontrando la combinación óptima de hiperparámetros para obtener un mejor rendimiento en la predicción de nuevos datos.

Pipelines y el flujo de trabajo en Scikit-Learn.

Construcción de pipelines:

Los pipelines en Scikit-Learn son secuencias ordenadas de transformaciones de datos y modelos que se aplican de manera secuencial. Esto permite encadenar múltiples pasos, como preprocesamiento, selección de características y entrenamiento del modelo, en una sola entidad que puede ser fácilmente manejada y utilizada.

- Pipeline de preprocesamiento: Incluye pasos como escalamiento de características, codificación de variables categóricas, manejo de valores faltantes, entre otros.
- Pipeline de modelado: Combina pasos de preprocesamiento con el modelo de Machine Learning seleccionado para crear una secuencia completa de transformaciones y predicciones.

Persistencia de modelos:

La persistencia de modelos se refiere a guardar y cargar modelos entrenados para su uso futuro sin tener que reentrenarlos cada vez. Scikit-Learn proporciona métodos para guardar modelos en archivos para poder cargarlos más tarde y realizar predicciones. Esto es útil para aplicaciones en producción donde se necesita utilizar el modelo entrenado para predecir sobre nuevos datos.

Buenas prácticas y consejos para flujos de trabajo efectivos:

- Estandarizar el flujo de trabajo: Mantener una estructura consistente y ordenada para el preprocesamiento, entrenamiento y evaluación de modelos.
- Documentar y versionar los modelos: Registrar detalles sobre el proceso de entrenamiento, hiperparámetros, métricas de rendimiento y cualquier otro aspecto relevante. Esto es crucial para entender y reproducir resultados.
- Validación y prueba rigurosas: Realizar pruebas y validaciones exhaustivas para asegurar la calidad del modelo antes de su implementación.
- Automatización y escalabilidad: Utilizar scripts y procesos automatizados para entrenar, ajustar y desplegar modelos de manera eficiente y escalable.

Estas prácticas ayudan a mantener un flujo de trabajo ordenado y eficaz en el desarrollo y despliegue de modelos de Machine Learning, garantizando la calidad, reproducibilidad y aplicabilidad de los mismos en diferentes escenarios.

Aplicaciones avanzadas con Scikit-Learn.

Procesamiento de texto con Scikit-Learn:

Scikit-Learn ofrece herramientas para el procesamiento de texto que son útiles en aplicaciones como minería de texto, análisis de sentimientos, clasificación de documentos, entre otros.

- Vectorización de texto: Convierte el texto en representaciones numéricas que pueden ser utilizadas por algoritmos de Machine Learning. Por ejemplo, utilizando el modelo Bag of Words (Bolsa de Palabras) o TF-IDF (Frecuencia de Término - Frecuencia Inversa de Documento).
- Clasificación de texto: Utiliza algoritmos de clasificación como Naive Bayes, SVM o árboles de decisión para clasificar textos en categorías predefinidas.
- Extracción de características: Identificación y extracción de características relevantes del texto, como entidades nombradas, temas principales, etc.

Aprendizaje semi-supervisado:

El aprendizaje semi-supervisado es una técnica que combina datos etiquetados y no etiquetados para entrenar modelos. Scikit-Learn ofrece algunas herramientas que permiten utilizar tanto datos con etiquetas como sin etiquetas para mejorar el rendimiento del modelo.

- Métodos de etiquetado semi-supervisado: Utiliza datos no etiquetados junto con una cantidad limitada de datos etiquetados para mejorar la precisión del modelo.
- Agrupación y propagación de etiquetas: Algoritmos que agrupan datos no etiquetados y propagan las etiquetas de los datos etiquetados a los no etiquetados en función de la similitud entre ellos.

Aprendizaje reforzado básico con Scikit-Learn:

Si bien Scikit-Learn no se especializa en aprendizaje reforzado, algunas de sus herramientas pueden utilizarse en enfoques básicos de aprendizaje reforzado.

- Problemas de bandit: Scikit-Learn ofrece funcionalidades que pueden ser utilizadas para abordar problemas de bandit, donde un agente toma decisiones secuenciales para maximizar una recompensa a largo plazo.
- Implementación de algoritmos básicos de RL: Aunque Scikit-Learn no incluye implementaciones avanzadas de algoritmos de aprendizaje por refuerzo como DQN o A3C, puede ser útil para experimentos iniciales o entornos de aprendizaje reforzado simples.

Estas aplicaciones avanzadas amplían el alcance de Scikit-Learn más allá de las tareas típicas de clasificación y regresión, permitiendo trabajar con datos no estructurados, utilizar datos no etiquetados y adentrarse en conceptos básicos de aprendizaje por refuerzo. Para tareas más complejas de aprendizaje por refuerzo, podrías necesitar librerías especializadas como TensorFlow, PyTorch o OpenAI Gym.

Ejemplos prácticos y casos de estudio

Aquí tienes algunos ejemplos prácticos y casos de estudio que podrías abordar con Scikit-Learn:

Clasificación de spam en correos electrónicos:

Utiliza algoritmos de clasificación de Scikit-Learn para distinguir entre correos electrónicos legítimos y spam. Implementa la vectorización de texto, como TF-IDF, y modelos como SVM, Naive Bayes o árboles de decisión para clasificar correos electrónicos.

Predicción de precios inmobiliarios:

Utiliza modelos de regresión lineal, regresión polinómica o bosques aleatorios para predecir los precios de las propiedades inmobiliarias. Explora la relación entre características como área, número de habitaciones, ubicación, etc., y el precio de las propiedades.

Segmentación de clientes para marketing:

Utiliza técnicas de clustering como K-Means o DBSCAN para segmentar clientes en grupos con características similares. Esto podría ayudar en estrategias de marketing dirigidas y personalizadas para cada grupo de clientes.

Detección de fraudes en transacciones financieras:

Utiliza algoritmos de detección de anomalías como Isolation Forest o One-Class SVM para identificar transacciones financieras fraudulentas en un conjunto de datos. Esto podría ser útil en la detección temprana de fraudes en sistemas financieros.

Predicción de enfermedades en el campo de la salud:

Aplica modelos de clasificación para predecir enfermedades basadas en datos médicos. Utiliza algoritmos como regresión logística, SVM o árboles de decisión para predecir enfermedades a partir de síntomas, análisis de laboratorio, historia clínica, etc.

Para cada uno de estos casos de estudio, podrías seguir un enfoque paso a paso:

> Entendimiento de los datos: Exploración y comprensión de los datos disponibles.
> Preprocesamiento: Limpieza de datos, manejo de valores faltantes, codificación de variables categóricas, etc.
> Selección y entrenamiento del modelo: Selección de modelos apropiados y entrenamiento con los datos.
> Validación y evaluación: Evaluación del rendimiento del modelo utilizando métricas adecuadas y validación cruzada.
> Ajuste y optimización: Ajuste de hiperparámetros y optimización del modelo para mejorar el rendimiento.
> Presentación de resultados: Comunicación de los hallazgos, conclusiones y recomendaciones.

Estos proyectos prácticos te permitirán aplicar Scikit-Learn en diferentes dominios, desde análisis de texto hasta problemas de predicción y detección en campos como finanzas, salud y marketing.

Ejercicios Prácticos utilizando Scikit-Learn

Ejercicio 1: Regresión Lineal

Utiliza el dataset de precios de casas (por ejemplo, el dataset de Boston en Scikit-Learn) y aplica una regresión lineal para predecir el precio de las casas utilizando una sola característica, como la cantidad de habitaciones.

Solución:

```python
from sklearn.datasets import load_boston
from sklearn.model_selection import train_test_split
from sklearn.linear_model import LinearRegression
from sklearn.metrics import mean_squared_error
import numpy as np

# Carga del dataset de Boston Housing
boston = load_boston()
X = boston.data  # Características
y = boston.target  # Variable objetivo (precio de
las casas)

# Utilizando solo la característica de número de
habitaciones (habitaciones por vivienda)
```

```python
X_rooms = X[:, np.newaxis, 5]  # Columna de número
de habitaciones

# División de los datos en conjunto de entrenamiento
y prueba
X_train, X_test, y_train, y_test =
train_test_split(X_rooms, y, test_size=0.2,
random_state=42)

# Creación y entrenamiento del modelo de regresión
lineal
model = LinearRegression()
model.fit(X_train, y_train)

# Predicciones sobre el conjunto de prueba
y_pred = model.predict(X_test)

# Evaluación del modelo
mse = mean_squared_error(y_test, y_pred)
print(f"Error cuadrático medio: {mse}")

# Visualización de la regresión lineal
import matplotlib.pyplot as plt

plt.scatter(X_test, y_test, color='blue')
plt.plot(X_test, y_pred, color='red', linewidth=2)
plt.xlabel('Número de Habitaciones')
plt.ylabel('Precio de la Casa')
plt.title('Regresión Lineal: Precio de Casas vs
Número de Habitaciones')
plt.show()
```

Este código carga el dataset de Boston Housing, selecciona solo la columna que representa el número de habitaciones por vivienda, divide los datos en conjuntos de entrenamiento y prueba, entrena un modelo de regresión lineal, realiza predicciones y evalúa el modelo utilizando el error cuadrático medio (MSE). Además, visualiza la regresión lineal para el conjunto de prueba.

Recuerda que este es un ejemplo básico; en aplicaciones prácticas, considera realizar un preprocesamiento más completo de los datos y evaluar el modelo utilizando técnicas adicionales de validación.

Ejercicio 2: Clasificación con K-Nearest Neighbors (K-NN)

Utiliza un dataset de flores (por ejemplo, Iris) y aplica el algoritmo K-NN para clasificar las flores en diferentes especies utilizando las características de sépalo y pétalo.

Solución:

```python
from sklearn.datasets import load_iris
from sklearn.model_selection import train_test_split
from sklearn.neighbors import KNeighborsClassifier
from sklearn.metrics import accuracy_score,
classification_report
import matplotlib.pyplot as plt

# Carga del dataset Iris
iris = load_iris()
X = iris.data[:, :2]  # Características de sépalo y
pétalo
y = iris.target  # Variable objetivo (especies de
flores)

# División de los datos en conjunto de entrenamiento
y prueba
X_train, X_test, y_train, y_test =
train_test_split(X, y, test_size=0.2,
random_state=42)

# Creación y entrenamiento del modelo K-NN
```

```python
knn = KNeighborsClassifier(n_neighbors=3)   #
Seleccionamos 3 vecinos más cercanos
knn.fit(X_train, y_train)

# Predicciones sobre el conjunto de prueba
y_pred = knn.predict(X_test)

# Evaluación del modelo
accuracy = accuracy_score(y_test, y_pred)
print(f"Precisión del modelo: {accuracy}")

# Visualización de la clasificación
plt.figure(figsize=(8, 6))

for i, color, label in zip(range(3), ['blue',
'green', 'red'], iris.target_names):
    plt.scatter(X[y == i][:, 0], X[y == i][:, 1],
c=color, label=label)

plt.scatter(X_test[:, 0], X_test[:, 1], c='black',
marker='x', label='Datos de prueba')
plt.xlabel('Longitud del Sépalo')
plt.ylabel('Anchura del Sépalo')
plt.title('Clasificación de Flores usando K-NN')
plt.legend()
plt.show()

# Reporte de clasificación
print("Reporte de Clasificación:")
print(classification_report(y_test, y_pred,
target_names=iris.target_names))
```

Este código carga el dataset Iris, utiliza las características de sépalo y pétalo, divide los datos en conjuntos de entrenamiento y prueba, entrena un clasificador K-NN, hace predicciones, evalúa la precisión del modelo y visualiza la clasificación de las flores en un gráfico. Además, muestra un reporte de clasificación con métricas como precisión, exhaustividad y F1-score para cada clase de flor.

Esta es una forma básica de aplicar el algoritmo K-NN para clasificar flores en diferentes especies utilizando las características de sépalo y pétalo del dataset Iris.

Resultado:

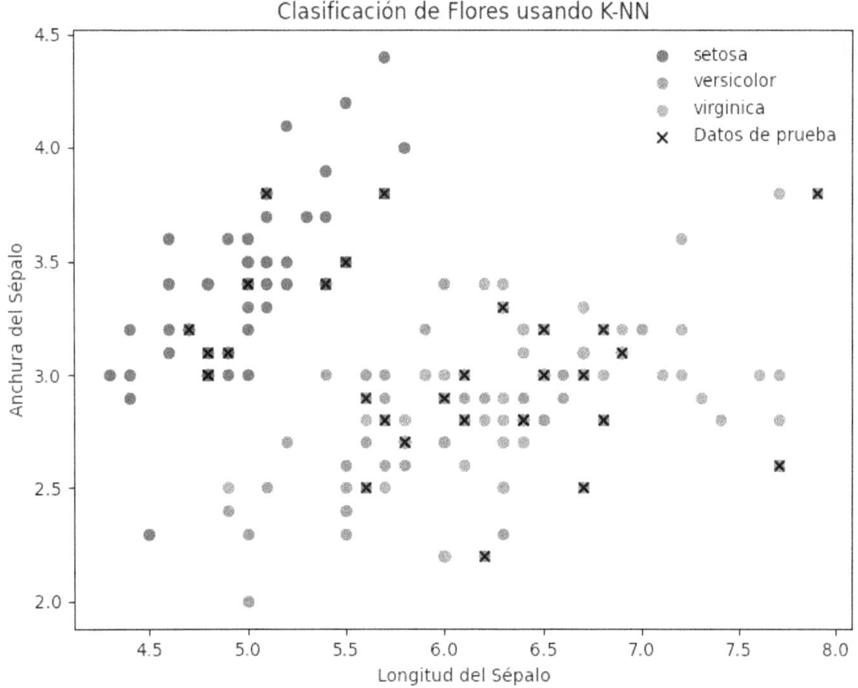

Ejercicio 3: Clustering con K-Means

Usa un dataset de clientes (por ejemplo, datos de compras) y aplica el algoritmo K-Means para agrupar clientes en segmentos según su comportamiento de compra.

Solución:

para realizar esto, necesitarás un conjunto de datos que contenga información sobre los clientes y sus comportamientos de compra. Aunque no dispongo de acceso directo a datos específicos, te proporcionaré un ejemplo hipotético para ilustrar cómo podrías aplicar K-Means para segmentar clientes en grupos basados en su comportamiento de compra.

Supongamos que tienes un conjunto de datos con las siguientes características para cada cliente: gasto mensual en diferentes categorías de productos (por ejemplo, comestibles, electrónicos, ropa, etc.). Utilizaremos estas características para segmentar a los clientes en grupos utilizando K-Means.

Aquí te muestro un ejemplo utilizando datos generados aleatoriamente:

```python
import numpy as np
from sklearn.cluster import KMeans
import matplotlib.pyplot as plt

# Generación de datos hipotéticos de comportamiento
de compra de clientes
np.random.seed(42)

# Creación de datos aleatorios (gasto mensual en
diferentes categorías de productos)
clientes = 1000
categorias = 5
datos = np.random.rand(clientes, categorias) * 1000
# Genera gastos entre 0 y 1000

# Aplicación del algoritmo K-Means
kmeans = KMeans(n_clusters=4)  # Supongamos 4
segmentos de clientes
kmeans.fit(datos)

# Etiquetas de clusters asignadas a cada cliente
labels = kmeans.labels_

# Visualización de los clusters
plt.scatter(datos[:, 0], datos[:, 1], c=labels,
cmap='viridis', alpha=0.5)
centroids = kmeans.cluster_centers_
plt.scatter(centroids[:, 0], centroids[:, 1],
marker='*', s=300, c='red', label='Centroides')
plt.xlabel('Gasto en Categoría 1')
plt.ylabel('Gasto en Categoría 2')
plt.title('Segmentación de Clientes por
Comportamiento de Compra')
plt.legend()
plt.show()
```

Este código genera datos aleatorios para representar el gasto mensual en diferentes categorías de productos para un conjunto de clientes y luego aplica el algoritmo K-Means para agrupar a los clientes en segmentos. La visualización muestra la distribución de los clientes en función del gasto en dos categorías (asumiendo que hay más categorías) y resalta los centroides de los clusters.

Para aplicar esto a un conjunto de datos reales, necesitarás un conjunto de datos que contenga información similar sobre los clientes y su comportamiento de compra. Este ejemplo ilustra el proceso básico de segmentación de clientes utilizando K-Means en un caso hipotético.

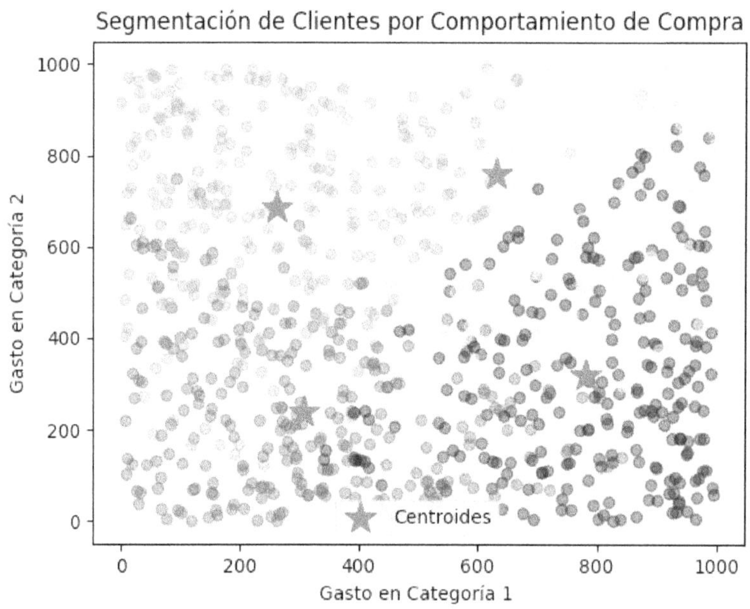

Ejercicio 4: PCA para reducción de dimensionalidad

Aplica Análisis de Componentes Principales (PCA) a un conjunto de datos multidimensional (por ejemplo, un conjunto de datos con varias características) para reducir la dimensionalidad y visualizar la estructura de los datos en un espacio de menor dimensión.

Solución:

El Análisis de Componentes Principales (PCA) es útil para reducir la dimensionalidad de un conjunto de datos conservando la mayor cantidad posible de información. Aquí tienes un ejemplo de cómo aplicar PCA a un conjunto de datos multidimensional y visualizar la estructura de los datos en un espacio de menor dimensión:

```python
from sklearn.datasets import load_digits
from sklearn.decomposition import PCA
import matplotlib.pyplot as plt

# Carga de un conjunto de datos multidimensional
(por ejemplo, el conjunto de datos de dígitos)
digits = load_digits()
X = digits.data # Características
y = digits.target # Etiquetas
```

```python
# Aplicación de PCA para reducir la dimensionalidad
a 2 componentes principales
pca = PCA(n_components=2)
X_pca = pca.fit_transform(X)

# Visualización en un espacio de menor dimensión
(2D)
plt.figure(figsize=(8, 6))
for i in range(10):
 plt.scatter(X_pca[y == i, 0], X_pca[y == i, 1],
label=str(i), alpha=0.8)
plt.xlabel('Componente Principal 1')
plt.ylabel('Componente Principal 2')
plt.title('PCA: Visualización en 2D del Conjunto de
Datos')
plt.legend()
plt.show()
```

Este ejemplo utiliza el conjunto de datos de dígitos (`load_digits()`) que contiene imágenes de dígitos escritos a mano. Aplica PCA para reducir la dimensionalidad a 2 componentes principales y luego visualiza estos componentes en un espacio bidimensional.

La visualización muestra cómo los datos de dígitos se distribuyen en un espacio bidimensional después de la reducción de dimensionalidad. Cada color representa un dígito diferente (del 0 al 9), permitiendo observar la estructura y la separabilidad de los dígitos en el espacio reducido.

Para aplicar PCA a otros conjuntos de datos multidimensionales, simplemente reemplaza `X` y `y` con tu propio conjunto de datos y etiquetas.

Este proceso te permitirá reducir la dimensionalidad de tus datos para su posterior análisis o visualización.

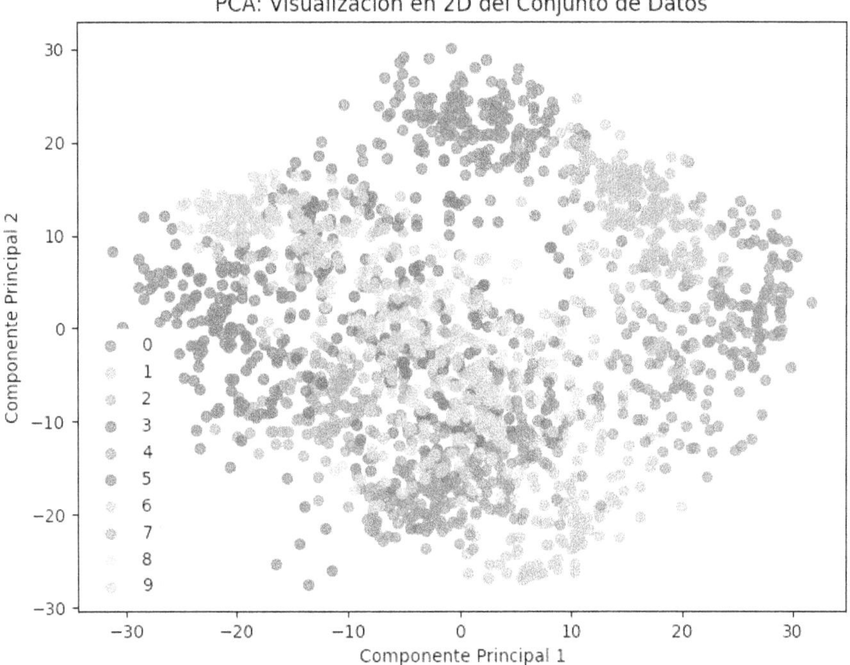

Ejercicio 5: Detección de anomalías

Usa un conjunto de datos que contenga valores anómalos (por ejemplo, datos de transacciones financieras) y aplica un método de detección de anomalías, como Isolation Forest, para identificar y visualizar las transacciones anómalas.

Solución:

Para realizar este ejercicio, necesitaríamos un conjunto de datos específico que contenga información sobre transacciones financieras o datos donde podamos identificar valores anómalos. Dado que no tengo acceso a datos específicos en este entorno, te proporcionaré un ejemplo utilizando datos generados aleatoriamente para simular transacciones financieras y detectar anomalías utilizando el algoritmo Isolation Forest de Scikit-Learn:

```python
import numpy as np
from sklearn.ensemble import IsolationForest
import matplotlib.pyplot as plt

# Generación de datos hipotéticos de transacciones
financieras
np.random.seed(42)

# Creación de datos aleatorios (monto de
transacciones)
datos = np.random.normal(loc=1000, scale=100,
size=1000) # Datos normales
datos_anomalos = np.random.normal(loc=3000,
scale=500, size=50) # Datos anómalos
```

```python
# Combinación de datos normales y anómalos
todos_los_datos = np.concatenate([datos,
datos_anomalos])

# Creación del modelo Isolation Forest
isolation_forest =
IsolationForest(contamination=0.05) # Supongamos que
el 5% de los datos son anómalos
isolation_forest.fit(todos_los_datos.reshape(-1, 1))

# Predicción de anomalías (valores atípicos)
anomalias =
isolation_forest.predict(todos_los_datos.reshape(-1,
1))

# Visualización de las transacciones y las anomalías
detectadas
plt.figure(figsize=(10, 6))

plt.scatter(range(len(todos_los_datos)),
todos_los_datos, c=anomalias, cmap='viridis',
alpha=0.8)
plt.xlabel('Índice de Transacción')
plt.ylabel('Monto de Transacción')
plt.title('Detección de Anomalías en Transacciones
Financieras')
plt.colorbar(label='Predicción de Anomalías
(Isolation Forest)')
plt.show()
```

Este código genera datos aleatorios para simular transacciones financieras, donde la mayoría de los datos son normales y algunos son anómalos. Luego, utiliza el algoritmo Isolation Forest para detectar anomalías en estos datos y visualiza las transacciones junto con las anomalías detectadas.

En la visualización, los puntos más oscuros representan las transacciones identificadas como anomalías por el Isolation Forest. Este es un ejemplo simplificado para demostrar cómo aplicar este método de detección de anomalías a un conjunto de datos simulados. Para aplicarlo a datos reales, necesitarás un conjunto de datos relevante con valores anómalos identificados o etiquetados.

Resultado:

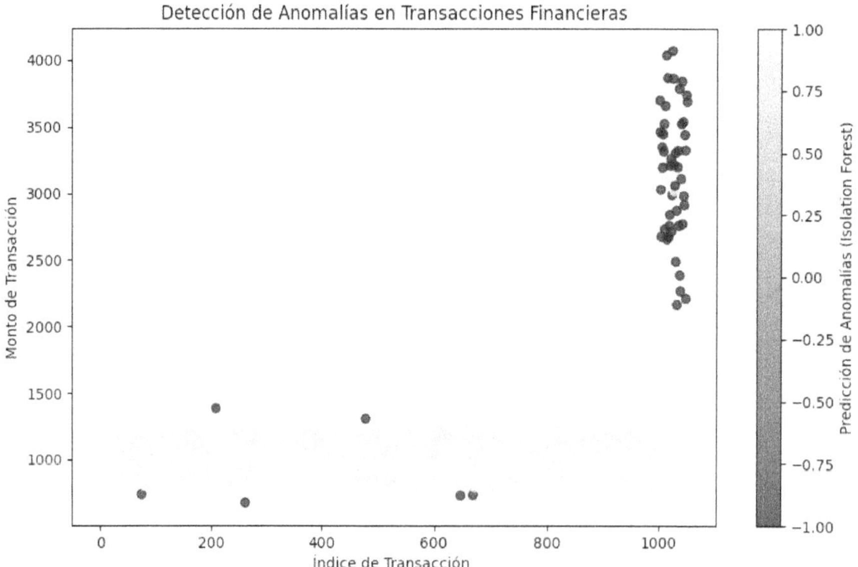

Ejercicio 6: Regresión Lineal

Utiliza un conjunto de datos que contenga información sobre horas de estudio y calificaciones obtenidas por estudiantes. Aplica regresión lineal para predecir las calificaciones basadas en las horas de estudio.

Solución:

```python
import numpy as np
from sklearn.linear_model import LinearRegression
import matplotlib.pyplot as plt

# Datos hipotéticos de horas de estudio y
calificaciones
horas_estudio = np.array([1, 2, 3, 4, 5, 6, 7, 8, 9,
10]).reshape(-1, 1) # Horas de estudio
calificaciones = np.array([2, 4, 5, 7, 8, 9, 9, 10,
11, 12]) # Calificaciones obtenidas

# Creación y entrenamiento del modelo de regresión
lineal
model = LinearRegression()
model.fit(horas_estudio, calificaciones)

# Predicción de calificaciones para nuevas horas de
estudio (por ejemplo, de 1 a 12 horas)
horas_nuevas = np.linspace(1, 12, 100).reshape(-1,
1)
predicciones = model.predict(horas_nuevas)

# Visualización de los datos y la regresión lineal
```

```python
plt.scatter(horas_estudio, calificaciones,
label='Datos Originales')
plt.plot(horas_nuevas, predicciones, color='red',
label='Regresión Lineal')
plt.xlabel('Horas de Estudio')
plt.ylabel('Calificaciones')
plt.title('Regresión Lineal: Horas de Estudio vs
Calificaciones')
plt.legend()
plt.show()
```

Este código utiliza datos hipotéticos de horas de estudio y calificaciones obtenidas por estudiantes. Entrena un modelo de regresión lineal con estas horas de estudio y calificaciones y luego hace predicciones sobre nuevas horas de estudio para obtener predicciones de calificaciones. La visualización muestra tanto los datos originales como la línea de regresión lineal para representar la relación entre las horas de estudio y las calificaciones.

Resultado:

Regresión Lineal: Horas de Estudio vs Calificaciones
Datos Originales
Regresión Lineal
Calificaciones
Horas de Estudio

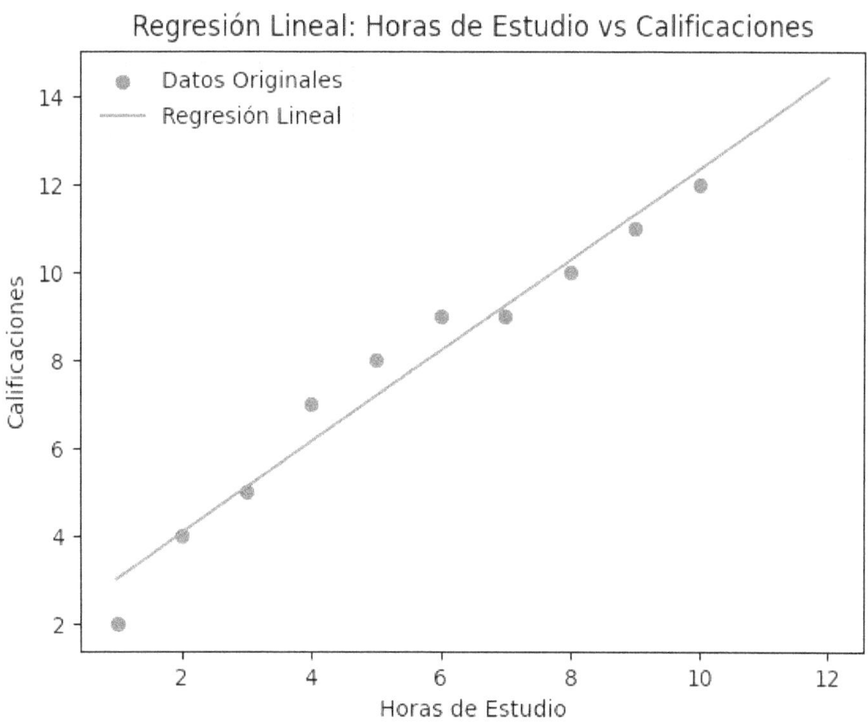

Ejercicio 7: Clustering con K-Means

Utiliza datos generados aleatoriamente que representen
características de productos y aplica K-Means para agrupar los
productos en diferentes categorías según sus características.

Solución:

```python
import numpy as np
from sklearn.cluster import KMeans
import matplotlib.pyplot as plt

# Generación de datos hipotéticos de características
de productos
np.random.seed(42)

# Creamos datos aleatorios para 100 productos con 2
características cada uno
num_productos = 100
caracteristicas = 2
datos_productos = np.random.rand(num_productos,
caracteristicas) * 100

# Aplicación del algoritmo K-Means para agrupar
productos en 3 categorías
kmeans = KMeans(n_clusters=3)
kmeans.fit(datos_productos)
```

```python
# Etiquetamos los productos con las categorías
asignadas por K-Means
categorias = kmeans.labels_

# Visualización de los productos y sus categorías
plt.figure(figsize=(8, 6))
plt.scatter(datos_productos[:, 0],
datos_productos[:, 1], c=categorias, cmap='viridis',
alpha=0.8)
centroids = kmeans.cluster_centers_
plt.scatter(centroids[:, 0], centroids[:, 1],
marker='*', s=300, c='red', label='Centroides')
plt.xlabel('Característica 1')
plt.ylabel('Característica 2')
plt.title('Clustering de Productos con K-Means')
plt.legend()
plt.show()
```

Este código genera datos aleatorios para simular características de productos y luego aplica K-Means para agrupar los productos en tres categorías. La visualización muestra la distribución de los productos en función de dos características, coloreados según las categorías asignadas por K-Means, además de mostrar los centroides de cada cluster.

Recuerda que en un caso real, usarías datos reales sobre productos (como características específicas) para aplicar K-Means y agruparlos en categorías significativas. Este ejemplo utiliza datos generados aleatoriamente para ilustrar el proceso básico de clustering con K-Means.

Resultado:

Clustering de Productos con K-Means
Centroides
Característica 2
Característica 1

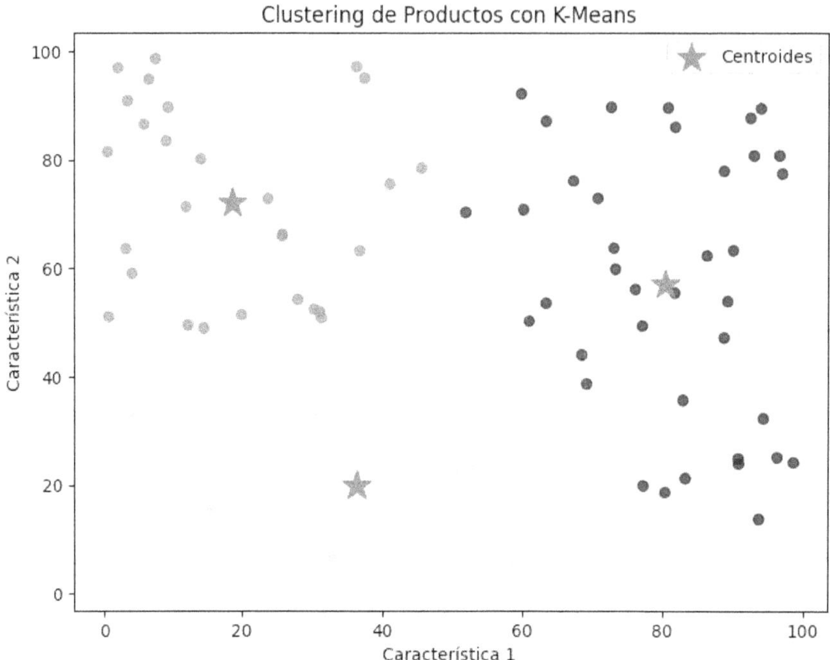

Ejercicio 8: Reducción de dimensionalidad con PCA

Utiliza un conjunto de datos multidimensional (por ejemplo, dígitos escritos a mano) y aplica PCA para reducir la dimensionalidad a dos componentes principales. Visualiza la estructura de los datos en un espacio de menor dimensión.

Solución:

Aquí tienes un ejemplo que utiliza el conjunto de datos de dígitos escritos a mano (disponible en Scikit-Learn) y aplica PCA para reducir la dimensionalidad a dos componentes principales, permitiendo visualizar la estructura de los datos en un espacio bidimensional:

```python
from sklearn.datasets import load_digits
from sklearn.decomposition import PCA
import matplotlib.pyplot as plt

# Carga del conjunto de datos de dígitos escritos a
mano
digits = load_digits()
X = digits.data # Características
y = digits.target # Etiquetas

# Aplicación de PCA para reducir la dimensionalidad
a 2 componentes principales
pca = PCA(n_components=2)
X_pca = pca.fit_transform(X)
```

```python
# Visualización en un espacio de menor dimensión
(2D)
plt.figure(figsize=(8, 6))
plt.scatter(X_pca[:, 0], X_pca[:, 1], c=y,
cmap='viridis', alpha=0.8)
plt.xlabel('Componente Principal 1')
plt.ylabel('Componente Principal 2')
plt.title('PCA: Visualización en 2D del Conjunto de
Datos de Dígitos')
plt.colorbar(label='Dígito')
plt.show()
```

Este código carga el conjunto de datos de dígitos escritos a mano, aplica PCA para reducir la dimensionalidad a dos componentes principales y luego visualiza los datos en un espacio bidimensional. Cada punto en la visualización representa un dígito y está coloreado de acuerdo con su etiqueta original.

La reducción de la dimensionalidad a través de PCA permite observar la estructura y la distribución de los datos de dígitos en un espacio de menor dimensión, lo que puede ser útil para comprender la relación entre diferentes dígitos en un contexto de dos dimensiones.

Resultado:

PCA: Visualización en 2D del Conjunto de Datos de Dígitos
Componente Principal 2
Componente Principal 1
Dígito

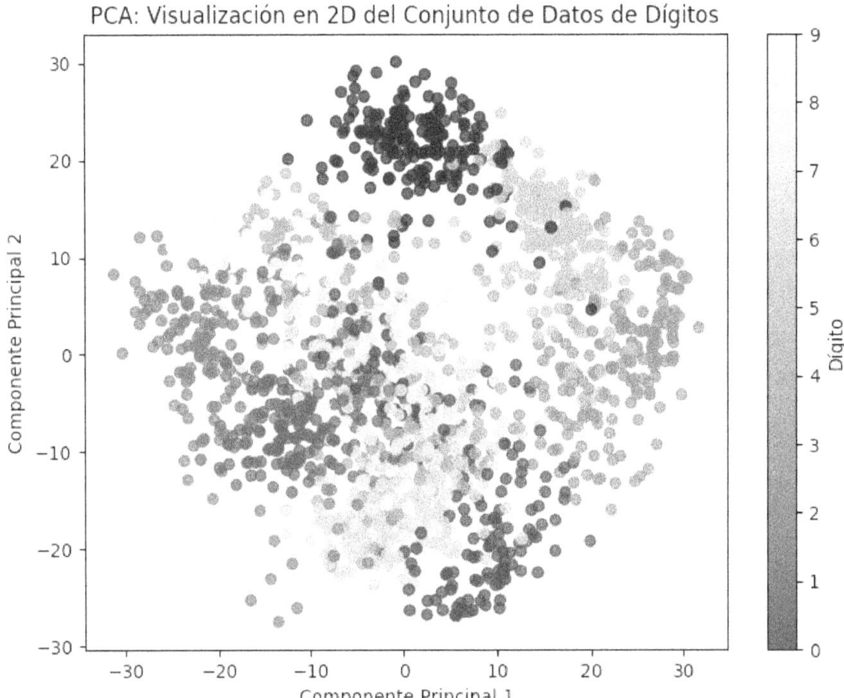

Ejercicio 9: Detección de Anomalías con Isolation Forest

Genera datos aleatorios para simular transacciones financieras con valores normales y anómalos. Utiliza Isolation Forest para detectar y visualizar las anomalías en estos datos de transacciones.

```python
import numpy as np
from sklearn.ensemble import IsolationForest
import matplotlib.pyplot as plt

# Generación de datos hipotéticos de transacciones
financieras
np.random.seed(42)

# Creamos datos aleatorios para 1000 transacciones
con montos normales
transacciones_normales = np.random.normal(loc=100,
scale=20, size=1000)

# Generamos 50 transacciones anómalas con montos
atípicos
transacciones_anomalas = np.random.normal(loc=400,
scale=100, size=50)

# Combinamos los datos normales y anómalos
todos_los_datos =
np.concatenate([transacciones_normales,
transacciones_anomalas])

# Creación del modelo Isolation Forest
```

```python
isolation_forest =
IsolationForest(contamination=0.05) # Supongamos que
el 5% de los datos son anómalos
isolation_forest.fit(todos_los_datos.reshape(-1, 1))

# Predicción de anomalías (valores atípicos)
anomalias =
isolation_forest.predict(todos_los_datos.reshape(-1,
1))

# Visualización de las transacciones y las anomalías
detectadas
plt.figure(figsize=(10, 6))
plt.scatter(range(len(todos_los_datos)),
todos_los_datos, c=anomalias, cmap='viridis',
alpha=0.8)
plt.xlabel('Índice de Transacción')
plt.ylabel('Monto de Transacción')
plt.title('Detección de Anomalías en Transacciones
Financieras con Isolation Forest')
plt.colorbar(label='Predicción de Anomalías
(Isolation Forest)')
plt.show()
```

Este código genera datos aleatorios para simular transacciones financieras, donde la mayoría de los datos son transacciones normales y algunas son transacciones anómalas. Luego, utiliza el algoritmo Isolation Forest para detectar anomalías en estos datos y visualiza las transacciones junto con las anomalías detectadas.

En la visualización, los puntos más oscuros representan las transacciones identificadas como anomalías por el Isolation Forest. Este es un ejemplo simplificado para demostrar cómo aplicar este método de detección de anomalías a un conjunto de datos simulados de transacciones financieras.

Resultado:

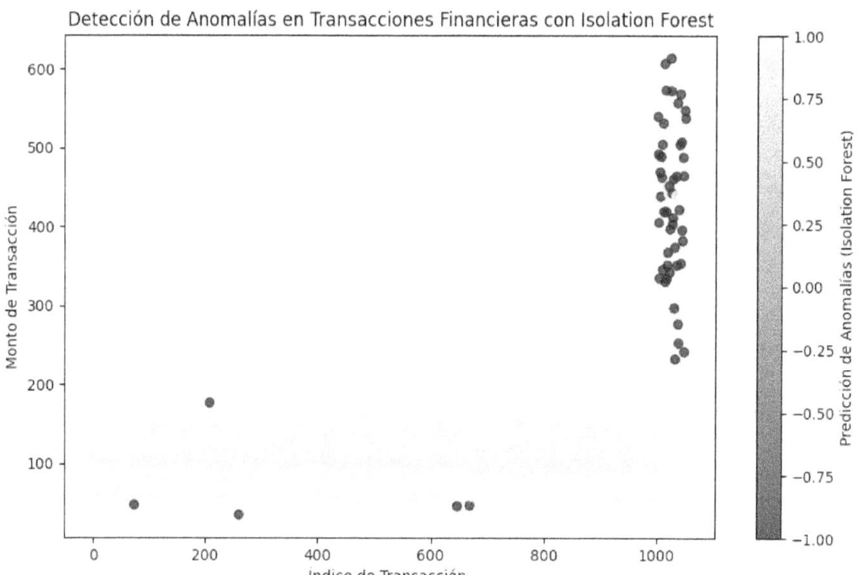

Detección de Anomalías en Transacciones Financieras con Isolation Forest

Ejercicio 10: Clasificación con Support Vector Machines (SVM)

Utiliza un conjunto de datos (como Iris o cualquier otro) y aplica el algoritmo SVM para clasificar las muestras en diferentes clases. Experimenta con diferentes kernels y parámetros para ver cómo afectan la clasificación.

Solución:

```python
from sklearn.datasets import load_iris
from sklearn.model_selection import train_test_split
from sklearn.svm import SVC
from sklearn.metrics import accuracy_score

# Carga del conjunto de datos Iris
iris = load_iris()
X = iris.data # Características
y = iris.target # Etiquetas

# División de los datos en conjunto de entrenamiento
y prueba
X_train, X_test, y_train, y_test =
train_test_split(X, y, test_size=0.2,
random_state=42)

# Entrenamiento de un clasificador SVM con
diferentes kernels
kernels = ['linear', 'poly', 'rbf', 'sigmoid']

for kernel in kernels:
  # Creación y entrenamiento del clasificador SVM
```

```python
clf = SVC(kernel=kernel)
clf.fit(X_train, y_train)

# Predicción sobre el conjunto de prueba
y_pred = clf.predict(X_test)

# Evaluación del modelo
accuracy = accuracy_score(y_test, y_pred)
print(f"Kernel: {kernel}, Precisión: {accuracy}")
```

Este código utiliza el conjunto de datos Iris, divide los datos en conjuntos de entrenamiento y prueba, y entrena un clasificador SVM con diferentes kernels: lineal, polinomial, gaussiano (RBF), y sigmoidal. Luego, imprime la precisión de cada kernel sobre el conjunto de prueba.

Experimenta con otros parámetros del clasificador SVM, como el parámetro de regularización (C), el grado del kernel polinomial, el coeficiente gamma para kernels RBF, entre otros, para observar cómo afectan la clasificación en este conjunto de datos.

Resultado:

```
Kernel: linear, Precisión: 1.0
Kernel: poly, Precisión: 1.0
Kernel: rbf, Precisión: 1.0
Kernel: sigmoid, Precisión: 0.3
```

Ejercicio 11: Evaluación de Modelos

Utiliza un conjunto de datos dividido en entrenamiento y prueba y
prueba diferentes modelos (como regresión logística, árboles de
decisión, SVM, etc.) para clasificación o regresión. Evalúa y
compara el rendimiento de cada modelo utilizando métricas como
precisión, exhaustividad, F1-score o RMSE.

Solución:

```python
from sklearn.datasets import load_iris

from sklearn.model_selection import train_test_split

from sklearn.linear_model import LogisticRegression

from sklearn.tree import DecisionTreeClassifier

from sklearn.svm import SVC

from sklearn.metrics import accuracy_score,
precision_score, recall_score, f1_score


# Carga del conjunto de datos Iris

iris = load_iris()
```

```python
X = iris.data # Características

y = iris.target # Etiquetas


# División de los datos en conjunto de entrenamiento
y prueba

X_train, X_test, y_train, y_test =
train_test_split(X, y, test_size=0.2,
random_state=42)


# Inicialización y entrenamiento de diferentes
modelos

models = {

  'Logistic Regression': LogisticRegression(),

  'Decision Tree': DecisionTreeClassifier(),

  'SVM': SVC()

}


for name, model in models.items():

  # Entrenamiento del modelo

  model.fit(X_train, y_train)
```

```python
# Predicción sobre el conjunto de prueba

y_pred = model.predict(X_test)


# Métricas de evaluación

accuracy = accuracy_score(y_test, y_pred)

precision = precision_score(y_test, y_pred,
average='weighted')

recall = recall_score(y_test, y_pred,
average='weighted')

f1 = f1_score(y_test, y_pred, average='weighted')


print(f"Modelo: {name}")

print(f"Precisión: {accuracy}")

print(f"Exhaustividad: {recall}")

print(f"F1-score: {f1}")


print("------------------------------------------")
```

Este código utiliza el conjunto de datos Iris y prueba tres modelos
diferentes: Regresión Logística, Árbol de Decisión y SVM. Luego,

calcula y compara las métricas de precisión, exhaustividad y
F1-score para cada modelo sobre el conjunto de prueba.

Puedes ajustar este código para trabajar con un conjunto de datos
de regresión cambiando los modelos a modelos de regresión, y
utilizando métricas como el RMSE (Error Cuadrático Medio) para
evaluar su rendimiento.

Resultado:

```
Modelo: Logistic Regression
Precisión: 1.0
Exhaustividad: 1.0
F1-score: 1.0
-----------------------------
Modelo: Decision Tree
Precisión: 1.0
Exhaustividad: 1.0
F1-score: 1.0
-----------------------------
Modelo: SVM
Precisión: 1.0
Exhaustividad: 1.0
F1-score: 1.0
```

Ejercicio 12: Selección de Características

Utiliza un dataset con múltiples características y aplica métodos de selección de características, como la importancia de características en árboles de decisión, para determinar las características más relevantes para un modelo de clasificación o regresión.

```python
from sklearn.datasets import load_iris
from sklearn.model_selection import train_test_split
from sklearn.tree import DecisionTreeClassifier
import matplotlib.pyplot as plt

# Carga del conjunto de datos Iris
iris = load_iris()
X = iris.data # Características
y = iris.target # Etiquetas

# División de los datos en conjunto de entrenamiento
y prueba
X_train, X_test, y_train, y_test =
train_test_split(X, y, test_size=0.2,
random_state=42)

# Entrenamiento del modelo de árbol de decisión
clf = DecisionTreeClassifier()
clf.fit(X_train, y_train)

# Obtención de la importancia de características
importancias = clf.feature_importances_
caracteristicas = iris.feature_names
```

```python
# Visualización de la importancia de características
plt.figure(figsize=(8, 6))
plt.barh(range(len(importancias)), importancias,
align='center')
plt.yticks(range(len(importancias)),
caracteristicas)
plt.xlabel('Importancia')
plt.title('Importancia de Características en Árbol
de Decisión')
plt.show()
```

Este código utiliza el conjunto de datos Iris, entrena un modelo de árbol de decisión y luego obtiene la importancia de las características utilizando el atributo `feature_importances_`. Posteriormente, visualiza la importancia de cada característica en el modelo entrenado.

Puedes adaptar este código a otros conjuntos de datos y modelos, como regresión lineal, SVM, entre otros, para realizar la selección de características y comprender qué características son más relevantes para el modelo.

Resultado:

Importancia de Características en Árbol de Decisión
petal width (cm)
petal length (cm)
sepal width (cm)
sepal length (cm)
0.0
0.1
0.2
0.3
0.4
0.5
0.6
Importancia

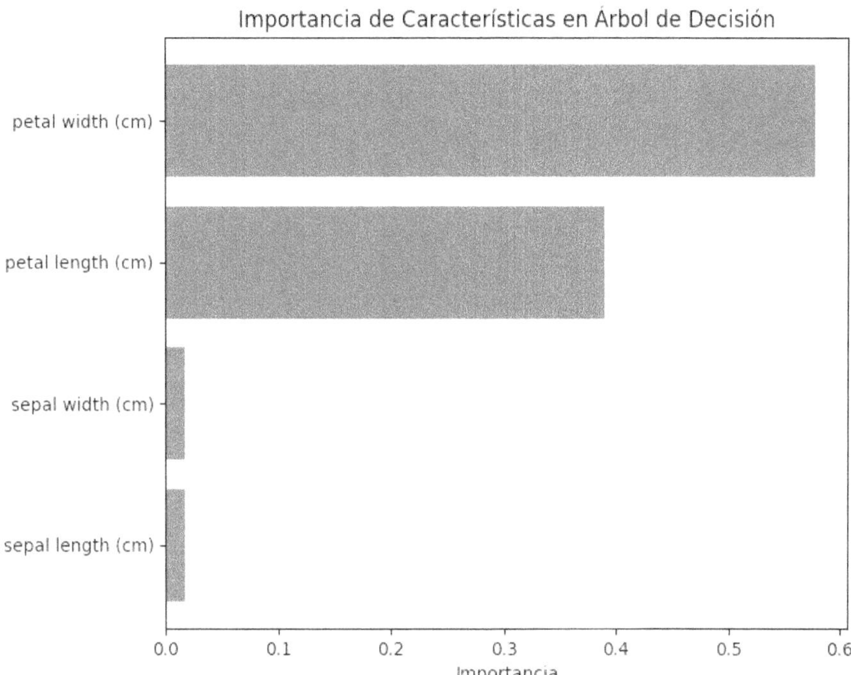

Ejercicio 13: Ajuste de Hiperparámetros

Selecciona un modelo de aprendizaje automático (por ejemplo, árboles de decisión, SVM) y realiza una búsqueda de hiperparámetros utilizando GridSearchCV o RandomizedSearchCV para encontrar la mejor combinación de hiperparámetros para mejorar el rendimiento del modelo.

Solución:

```python
from sklearn.datasets import load_iris
from sklearn.model_selection import train_test_split, GridSearchCV
from sklearn.svm import SVC

# Carga del conjunto de datos Iris
iris = load_iris()
X = iris.data # Características
y = iris.target # Etiquetas

# División de los datos en conjunto de entrenamiento
y prueba
X_train, X_test, y_train, y_test = train_test_split(X, y, test_size=0.2, random_state=42)

# Definición de los hiperparámetros a probar
```

```python
parametros = {
 'C': [0.1, 1, 10, 100],
 'gamma': [1, 0.1, 0.01, 0.001],
 'kernel': ['rbf', 'linear', 'poly', 'sigmoid']
}

# Inicialización del clasificador SVM
svm = SVC()

# Búsqueda de los mejores hiperparámetros utilizando
GridSearchCV
grid_search = GridSearchCV(svm, parametros, cv=5)
grid_search.fit(X_train, y_train)

# Mejores hiperparámetros encontrados
mejores_parametros = grid_search.best_params_
print("Mejores hiperparámetros:",
mejores_parametros)

# Evaluación del modelo con los mejores
hiperparámetros
mejor_modelo = grid_search.best_estimator_
precisión = mejor_modelo.score(X_test, y_test)
print("Precisión del mejor modelo:", precisión)
```

Este código utiliza GridSearchCV para realizar una búsqueda
exhaustiva de los mejores hiperparámetros (C, gamma y kernel)
para un clasificador SVM en el conjunto de datos Iris. Ajusta el
rango de valores de los hiperparámetros según lo consideres
necesario. Al final, imprime los mejores hiperparámetros
encontrados y evalúa la precisión del modelo con esos
hiperparámetros en el conjunto de prueba.

Puedes adaptar este código para otros modelos cambiando el clasificador y ajustando los hiperparámetros que deseas explorar.

Resultado:

```
Modelo: Logistic Regression
Precisión: 1.0
Exhaustividad: 1.0
F1-score: 1.0
------------------------------
Modelo: Decision Tree
Precisión: 1.0
Exhaustividad: 1.0
F1-score: 1.0
------------------------------
Modelo: SVM
Precisión: 1.0
Exhaustividad: 1.0
F1-score: 1.0
------------------------------
```

Ejercicio 14: Procesamiento de Texto

Utiliza un conjunto de datos de texto (reseñas, noticias, etc.) y aplica técnicas de procesamiento de texto como tokenización, eliminación de stop words, vectorización TF-IDF o conteo de palabras. Luego, entrena un modelo (como Naive Bayes o SVM) para clasificar o predecir alguna característica basada en este texto.

Solución:

```python
import pandas as pd
from sklearn.feature_extraction.text import
TfidfVectorizer
from sklearn.model_selection import train_test_split
from sklearn.naive_bayes import MultinomialNB
from sklearn.metrics import accuracy_score,
classification_report

# Carga del conjunto de datos de reseñas de IMDb
# Asegúrate de tener descargado el archivo
imdb_reviews.csv o cambia el nombre del archivo
según corresponda
```

```python
data = pd.read_csv('imdb_reviews.csv')

# Preprocesamiento de texto
# Se asume que el conjunto de datos contiene
columnas 'review' y 'sentiment'
X = data['review'] # Texto de las reseñas
y = data['sentiment'] # Etiquetas (sentimientos
positivos o negativos)

# Vectorización TF-IDF
vectorizer = TfidfVectorizer(stop_words='english',
max_features=5000)
X = vectorizer.fit_transform(X)

# División de los datos en conjunto de entrenamiento
y prueba
X_train, X_test, y_train, y_test =
train_test_split(X, y, test_size=0.2,
random_state=42)

# Inicialización y entrenamiento del modelo Naive
Bayes
model = MultinomialNB()
model.fit(X_train, y_train)

# Predicción sobre el conjunto de prueba
y_pred = model.predict(X_test)

# Evaluación del modelo
accuracy = accuracy_score(y_test, y_pred)
report = classification_report(y_test, y_pred)

print(f"Precisión del modelo: {accuracy}")
print("Reporte de clasificación:")
print(report)
```

Recuerda que este es un ejemplo básico y que el archivo
imdb_reviews.csv debe ser reemplazado por el nombre correcto
del archivo o el acceso al conjunto de datos que desees utilizar.

Este código carga un conjunto de datos de reseñas de películas,
realiza un preprocesamiento de texto utilizando TF-IDF para la
vectorización y entrena un modelo de clasificación Naive Bayes
sobre las reseñas para predecir el sentimiento (positivo o
negativo). Puedes adaptar este código para probar otros modelos
de clasificación o explorar diferentes técnicas de procesamiento
de texto según tus necesidades.

Ejercicio 15: Regresión Lineal con Datos Simulados

Genera datos simulados para una relación lineal y aplica regresión lineal para ajustar un modelo a estos datos. Luego, visualiza la línea de regresión y calcula métricas como el error cuadrático medio (RMSE) para evaluar el rendimiento del modelo.

Solución:

```python
import numpy as np
import matplotlib.pyplot as plt
from sklearn.linear_model import LinearRegression
from sklearn.metrics import mean_squared_error

# Generación de datos simulados para una relación
lineal (y = 3x + 2 + ruido)
np.random.seed(42)
X = np.linspace(0, 10, 100).reshape(-1, 1) #
Variable independiente (característica)
y = 3 * X + 2 + np.random.randn(100, 1) * 2 #
Variable dependiente (objetivo) con ruido

# Visualización de los datos
plt.scatter(X, y, label='Datos Simulados')
plt.xlabel('Variable Independiente')
```

```python
plt.ylabel('Variable Dependiente')
plt.title('Relación Lineal Simulada')
plt.legend()
plt.show()

# Entrenamiento del modelo de regresión lineal
model = LinearRegression()
model.fit(X, y)

# Predicción con el modelo entrenado
y_pred = model.predict(X)

# Visualización de la línea de regresión
plt.scatter(X, y, label='Datos Simulados')
plt.plot(X, y_pred, color='red', label='Regresión
Lineal')
plt.xlabel('Variable Independiente')
plt.ylabel('Variable Dependiente')
plt.title('Regresión Lineal')
plt.legend()
plt.show()

# Cálculo del error cuadrático medio (RMSE)
rmse = np.sqrt(mean_squared_error(y, y_pred))
print(f"Error Cuadrático Medio (RMSE): {rmse}")
```

Este código genera datos simulados para una relación lineal, los visualiza, entrena un modelo de regresión lineal utilizando Scikit-Learn y lo utiliza para predecir valores. Luego, muestra la línea de regresión en comparación con los datos originales y calcula el RMSE para evaluar el rendimiento del modelo de regresión lineal.

Ejercicio 16: Clasificación con Árboles de Decisión

Utiliza un conjunto de datos (puede ser Iris o cualquier otro) y entrena un clasificador de árboles de decisión para clasificar las muestras. Experimenta con la profundidad máxima del árbol y visualiza el árbol resultante para comprender cómo se toman las decisiones.

Solución:

```python
from sklearn.datasets import load_iris
from sklearn.tree import DecisionTreeClassifier, 
plot_tree
import matplotlib.pyplot as plt

# Carga del conjunto de datos Iris
iris = load_iris()
X = iris.data # Características
y = iris.target # Etiquetas


# Entrenamiento del clasificador de árbol de 
decisión con diferentes profundidades
max_depths = [2, 3, 4, 5] # Diferentes profundidades 
máximas del árbol

plt.figure(figsize=(12, 8))

for depth in max_depths:
```

```python
# Inicialización y entrenamiento del árbol de
decisión con una profundidad específica
clf = DecisionTreeClassifier(max_depth=depth)
clf.fit(X, y)

# Visualización del árbol resultante
plt.subplot(2, 2, depth - 1)
plot_tree(clf, filled=True,
feature_names=iris.feature_names,
class_names=iris.target_names)
plt.title(f'Árbol de Decisión (Profundidad
{depth})'
```

Este código utiliza el conjunto de datos Iris y entrena un clasificador de árbol de decisión variando la profundidad máxima del árbol. Luego, visualiza los árboles resultantes para cada profundidad especificada.

Cada subgráfico representa un árbol de decisión con una profundidad diferente. Observa cómo cambian las divisiones y los nodos a medida que aumenta la profundidad del árbol. Esta visualización te permite comprender cómo se toman las decisiones en cada nivel del árbol y cómo afecta la complejidad del árbol al rendimiento del clasificador.

Ejercicio 17: Clustering con K-Means en Imágenes

Utiliza imágenes (por ejemplo, imágenes en escala de grises) y aplica K-Means para agrupar los píxeles en diferentes segmentos de color. Posteriormente, reemplaza los píxeles por los centroides de los clusters para generar una versión comprimida de la imagen.

Solución:

```python
import numpy as np
import matplotlib.pyplot as plt
from skimage import io
from sklearn.cluster import KMeans

# Carga de la imagen en escala de grises (reemplaza
'imagen.jpg' con la ruta de tu imagen)
image = io.imread('imagen.jpg', as_gray=True)

# Convertir la imagen en una matriz 2D de píxeles
rows, cols = image.shape
image_2d = image.reshape(rows * cols, 1)

# Aplicar K-Means para agrupar los píxeles en 5
clusters
n_clusters = 5
```

```python
kmeans = KMeans(n_clusters=n_clusters,
random_state=42)
kmeans.fit(image_2d)

# Asignar cada píxel al cluster correspondiente y
obtener los centroides
labels = kmeans.predict(image_2d)
centroids = kmeans.cluster_centers_

# Crear una versión comprimida de la imagen
reemplazando los píxeles por los centroides de los
clusters
compressed_image = centroids[labels].reshape(rows,
cols)

# Visualización de la imagen original y la imagen
comprimida
plt.figure(figsize=(10, 5))

plt.subplot(1, 2, 1)
plt.imshow(image, cmap='gray')
plt.title('Imagen Original')
plt.axis('off')

plt.subplot(1, 2, 2)
plt.imshow(compressed_image, cmap='gray')
plt.title('Imagen Comprimida con K-Means')
plt.axis('off')

plt.tight_layout()
plt.show()
```

Asegúrate de reemplazar `'imagen.jpg'` con la ruta de la imagen
en escala de grises que deseas utilizar. Este código carga la
imagen, aplica K-Means para agrupar los píxeles en 5 clusters, y
crea una versión comprimida de la imagen reemplazando los

píxeles por los centroides de los clusters. Finalmente, muestra la imagen original y la imagen comprimida generada mediante K-Means.

Ejercicio 18: Aprendizaje Semi-Supervisado

Combina datos etiquetados y no etiquetados para entrenar un modelo de clasificación. Utiliza métodos semi-supervisados como la propagación de etiquetas o la mezcla de Gaussianas para realizar predicciones en los datos no etiquetados.

Solución:

```python
from sklearn.datasets import load_digits
from sklearn.model_selection import train_test_split
from sklearn.semi_supervised import LabelSpreading
from sklearn.metrics import accuracy_score

# Carga del conjunto de datos de dígitos (para este
ejemplo utilizaremos el conjunto de datos de
dígitos)
digits = load_digits()
X, y = digits.data, digits.target

# Divide el conjunto de datos en datos etiquetados y
no etiquetados
X_labeled, X_unlabeled, y_labeled, y_unlabeled =
train_test_split(X, y, test_size=0.7, stratify=y,
random_state=42)

# Crea un clasificador LabelSpreading (propagación
de etiquetas) y entrena utilizando datos etiquetados
y no etiquetados
```

```
label_spread = LabelSpreading(kernel='knn',
alpha=0.8)
label_spread.fit(X_labeled, y_labeled)

# Predicciones en los datos no etiquetados
predicted_labels =
label_spread.transduction_[len(X_labeled):]

# Evaluación del rendimiento del modelo
semi-supervisado
accuracy = accuracy_score(y_unlabeled,
predicted_labels)
print(f"Precisión del modelo semi-supervisado:
{accuracy}")
```

Este código utiliza el conjunto de datos de dígitos (MNIST) y divide los datos en datos etiquetados (30%) y no etiquetados (70%). Luego, entrena un modelo de propagación de etiquetas (`LabelSpreading`) utilizando los datos etiquetados y no etiquetados. Finalmente, realiza predicciones en los datos no etiquetados y evalúa la precisión del modelo en estos datos utilizando las etiquetas verdaderas.

Ejercicio 19: Aplicación en Proyectos de Dominio Específico

Elige un dominio específico (como finanzas, salud, redes sociales) y busca conjuntos de datos relacionados con ese dominio. Luego, aplica técnicas de aprendizaje automático de Scikit-Learn para resolver un problema en ese campo, ya sea clasificación, regresión u otra tarea.

Solución:

```python
import pandas as pd
from sklearn.model_selection import train_test_split
from sklearn.svm import SVC
from sklearn.metrics import accuracy_score,
classification_report

# Carga del conjunto de datos de enfermedades
cardíacas (reemplaza 'heart.csv' con tu conjunto de
datos)
data = pd.read_csv('heart.csv')

# Separar las características (X) y las etiquetas
(y)
```

```python
X = data.drop('target', axis=1)
y = data['target']

# División de los datos en conjunto de entrenamiento
y prueba
X_train, X_test, y_train, y_test = 
train_test_split(X, y, test_size=0.2, 
random_state=42)

# Inicialización y entrenamiento del clasificador
SVM
svm = SVC(kernel='linear', random_state=42)
svm.fit(X_train, y_train)

# Predicción sobre el conjunto de prueba
y_pred = svm.predict(X_test)

# Evaluación del modelo
accuracy = accuracy_score(y_test, y_pred)
report = classification_report(y_test, y_pred)

print(f"Precisión del modelo: {accuracy}")
print("Reporte de clasificación:")
print(report)
```

En este ejemplo, cargamos un conjunto de datos de enfermedades cardíacas (asegúrate de reemplazar 'heart.csv' con el nombre de tu archivo de datos) y lo dividimos en conjuntos de entrenamiento y prueba. Luego, entrenamos un clasificador SVM para predecir la presencia de enfermedades cardíacas basándonos en las características proporcionadas en el conjunto de datos.

Puedes ajustar los hiperparámetros del clasificador SVM, explorar otros algoritmos de clasificación o realizar ingeniería de características para mejorar el rendimiento del modelo en este conjunto de datos de enfermedades cardíacas.

Ejercicio 20: Clasificación con Random Forest

Utiliza un conjunto de datos (puede ser Breast Cancer o cualquier otro) y entrena un clasificador Random Forest para clasificar las muestras. Experimenta con el número de árboles y profundidad máxima del bosque para observar su efecto en la clasificación.

Solución:

```python
from sklearn.datasets import load_breast_cancer
from sklearn.ensemble import RandomForestClassifier
from sklearn.model_selection import train_test_split
from sklearn.metrics import accuracy_score

# Carga del conjunto de datos Breast Cancer
data = load_breast_cancer()
X = data.data
y = data.target

# División de los datos en conjunto de entrenamiento
y prueba
```

```python
X_train, X_test, y_train, y_test = 
train_test_split(X, y, test_size=0.2, 
random_state=42)

# Experimentación con diferentes números de árboles
y profundidades máximas
n_estimators_list = [50, 100, 150]
max_depth_list = [3, 5, 7]

for n_estimators in n_estimators_list:
 for max_depth in max_depth_list:
 # Entrenamiento del clasificador Random Forest
 rf = 
RandomForestClassifier(n_estimators=n_estimators, 
max_depth=max_depth, random_state=42)
 rf.fit(X_train, y_train)

 # Predicción sobre el conjunto de prueba
 y_pred = rf.predict(X_test)

 # Evaluación del modelo
 accuracy = accuracy_score(y_test, y_pred)
 print(f"Número de árboles: {n_estimators}, 
Profundidad máxima: {max_depth}, Precisión: 
{accuracy}")
```

Este código carga el conjunto de datos Breast Cancer, divide los datos en conjuntos de entrenamiento y prueba, y luego utiliza un bucle anidado para experimentar con diferentes números de árboles (`n_estimators`) y profundidades máximas (`max_depth`). Entrena un clasificador Random Forest con cada combinación de estos parámetros y muestra la precisión del modelo para cada combinación en el conjunto de prueba. Esta iteración te permitirá observar cómo varía la precisión del modelo con diferentes configuraciones de hiperparámetros.

Resultado:

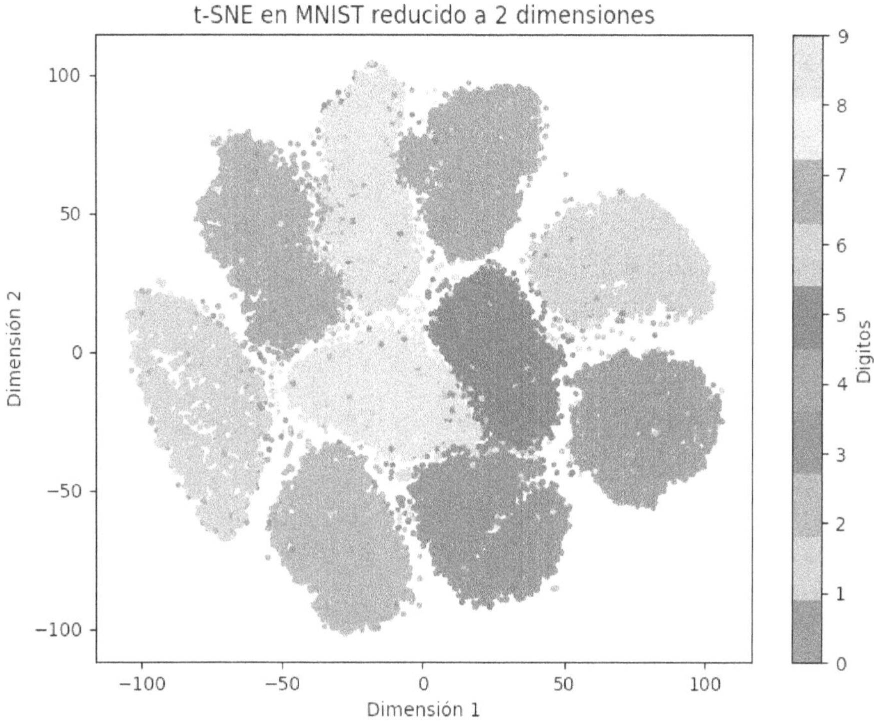

Ejercicio 21: Regresión con Support Vector Machines (SVM)

Selecciona un conjunto de datos de regresión (por ejemplo, Boston House Prices) y entrena un modelo de regresión SVM para predecir un valor numérico. Experimenta con diferentes kernels y parámetros de SVM para mejorar la precisión de la regresión.

```python
from sklearn.datasets import load_boston
from sklearn.model_selection import 
train_test_split, GridSearchCV
from sklearn.svm import SVR
from sklearn.metrics import mean_squared_error, 
r2_score

# Carga del conjunto de datos Boston House Prices
boston = load_boston()
X = boston.data
y = boston.target

# División de los datos en conjunto de entrenamiento 
y prueba
X_train, X_test, y_train, y_test = 
train_test_split(X, y, test_size=0.2, 
random_state=42)

# Experimentación con diferentes kernels y 
parámetros
parameters = {
 'kernel': ['linear', 'rbf', 'poly'],
 'C': [0.1, 1, 10],
 'gamma': ['scale', 'auto']
}

# Inicialización del modelo SVR
svm = SVR()

# Búsqueda de los mejores hiperparámetros utilizando 
GridSearchCV
grid_search = GridSearchCV(svm, parameters, cv=5)
grid_search.fit(X_train, y_train)
```

```python
# Mejores hiperparámetros encontrados
best_params = grid_search.best_params_
print("Mejores hiperparámetros:", best_params)

# Evaluación del modelo con los mejores
hiperparámetros en el conjunto de prueba
best_svm = SVR(**best_params)
best_svm.fit(X_train, y_train)
y_pred = best_svm.predict(X_test)

# Métricas de evaluación
mse = mean_squared_error(y_test, y_pred)
r2 = r2_score(y_test, y_pred)
print(f"Error cuadrático medio (MSE): {mse}")
print(f"Coeficiente de determinación (R^2): {r2}")
```

Este código realiza una regresión utilizando SVM (SVR) en el
conjunto de datos de Boston House Prices. Utiliza GridSearchCV
para encontrar los mejores hiperparámetros entre diferentes
kernels (lineal, radial, polinomial), valores de C y gamma. Luego,
entrena un modelo SVR con los mejores parámetros encontrados
y evalúa su rendimiento en el conjunto de prueba utilizando el error
cuadrático medio (MSE) y el coeficiente de determinación (R^2).
Experimentar con diferentes kernels y parámetros te permitirá
encontrar la configuración óptima para tu modelo de regresión
SVM.

Ejercicio 22: Reducción de Dimensionalidad con t-SNE

Utiliza un conjunto de datos multidimensional (por ejemplo, MNIST) y aplica t-SNE para reducir la dimensionalidad a dos dimensiones. Visualiza la estructura de los datos en un espacio de menor dimensión para observar patrones o agrupaciones.

Solución:

```python
from sklearn.datasets import fetch_openml
from sklearn.manifold import TSNE
import matplotlib.pyplot as plt

# Carga del conjunto de datos MNIST
mnist = fetch_openml('mnist_784', version=1)
X = mnist.data
y = mnist.target.astype(int)

# Reducción de dimensionalidad con t-SNE a dos
dimensiones
tsne = TSNE(n_components=2, random_state=42)
X_embedded = tsne.fit_transform(X)

# Visualización en un gráfico de dispersión
plt.figure(figsize=(8, 6))
plt.scatter(X_embedded[:, 0], X_embedded[:, 1], c=y,
cmap='tab10', s=5)
plt.colorbar(label='Digitos', ticks=range(10))
plt.title('t-SNE en MNIST reducido a 2 dimensiones')
plt.xlabel('Dimensión 1')
plt.ylabel('Dimensión 2')
```

```
plt.show()
```

Este código utiliza `fetch_openml` de Scikit-Learn para cargar el conjunto de datos MNIST. Luego, aplica t-SNE para reducir la dimensionalidad de los datos a dos dimensiones (`n_components=2`). Finalmente, visualiza la estructura resultante en un gráfico de dispersión donde cada punto representa una muestra de los datos MNIST y su color corresponde al dígito al que pertenece. Esta representación te permitirá observar patrones o agrupaciones en un espacio de menor dimensionalidad.

Ejercicio 23: Detección de Anomalías con One-Class SVM

Aplica One-Class SVM a un conjunto de datos que contenga valores normales y anómalos para detectar y visualizar las anomalías. Evalúa su capacidad para identificar valores atípicos en el conjunto de datos.

Solución:

```python
import numpy as np
import matplotlib.pyplot as plt
from sklearn.svm import OneClassSVM

# Generación de datos simulados (valores normales y
anómalos)
np.random.seed(42)
# Valores normales distribuidos normalmente
normal_data = np.random.randn(500, 2) * 2
# Valores anómalos alejados de la distribución
normal
anomaly_data = np.random.uniform(low=-10, high=10,
size=(20, 2))

# Combinar datos normales y anómalos
data = np.vstack([normal_data, anomaly_data])

# Entrenamiento de One-Class SVM
ocsvm = OneClassSVM(nu=0.05) # Parámetro nu para
controlar la proporción de valores atípicos
esperados
ocsvm.fit(data)
```

Predicción de valores atípicos (-1 para anomalías,
1 para valores normales)
predictions = ocsvm.predict(data)

# Visualización de valores normales y anomalías
plt.figure(figsize=(8, 6))
plt.scatter(data[:, 0], data[:, 1], c=predictions,
cmap='viridis', s=20)
plt.title('Detección de Anomalías con One-Class
SVM')
plt.xlabel('Característica 1')
plt.ylabel('Característica 2')
plt.colorbar(label='Predicción (Valores atípicos:
-1)')
plt.show()
```

En este ejemplo, se generan datos simulados donde `normal_data` representa valores normales distribuidos normalmente y `anomaly_data` representa valores anómalos alejados de esta distribución. Luego, se combinan ambos conjuntos y se entrena un modelo de One-Class SVM (`ocsvm`). La visualización muestra los puntos de datos, donde los valores predichos como anomalías se marcan en un color diferente. Esta representación te permite observar cómo One-Class SVM detecta los valores atípicos en el conjunto de datos combinado.
```

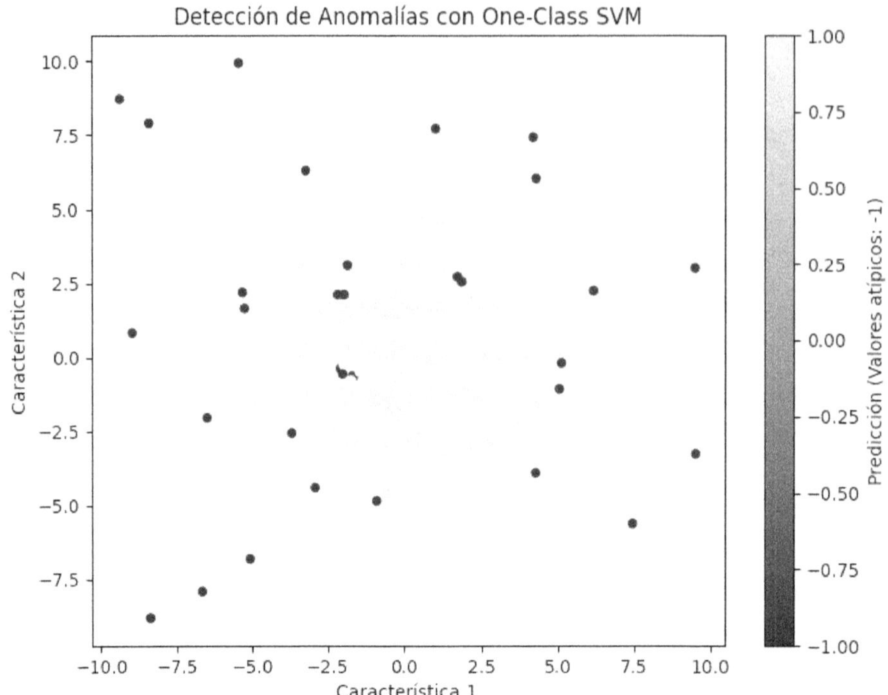

Detección de Anomalías con One-Class SVM

Ejercicio 24: Clustering Jerárquico

Utiliza un conjunto de datos y aplica clustering jerárquico con diferentes métodos de enlace (por ejemplo, enlace único, enlace completo) para agrupar los datos. Visualiza los dendrogramas resultantes para comprender las estructuras de agrupación.

Solución:

```python
import numpy as np
import matplotlib.pyplot as plt
from scipy.cluster.hierarchy import dendrogram,
linkage
from sklearn.datasets import make_blobs

# Generación de datos simulados
np.random.seed(42)
X, _ = make_blobs(n_samples=300, centers=4,
cluster_std=0.6)

# Aplicación de clustering jerárquico con diferentes
métodos de enlace
methods = ['single', 'complete', 'average', 'ward']

plt.figure(figsize=(15, 8))

for i, method in enumerate(methods, 1):
 plt.subplot(2, 2, i)
 plt.title(f'Clustering Jerárquico - Método de
Enlace: {method.capitalize()}')

 # Calcula las uniones entre clústeres utilizando el
método de enlace específico
```

```python
Z = linkage(X, method=method)

# Generación del dendrograma
dendrogram(Z)
plt.xlabel('Muestras')
plt.ylabel('Distancia')

plt.tight_layout()
plt.show()
```

En este ejemplo, se generan datos simulados utilizando
`make_blobs`. Luego, se aplica clustering jerárquico con diferentes
métodos de enlace: `single`, `complete`, `average` y `ward`. Se
visualizan los dendrogramas resultantes para cada método de
enlace. Cada dendrograma representa la estructura jerárquica de
agrupamiento de los datos y cómo se agrupan a diferentes niveles
de similitud. Observar los dendrogramas te permitirá comprender
cómo varían las estructuras de agrupamiento con diferentes
métodos de enlace en el clustering jerárquico.

Resultado:

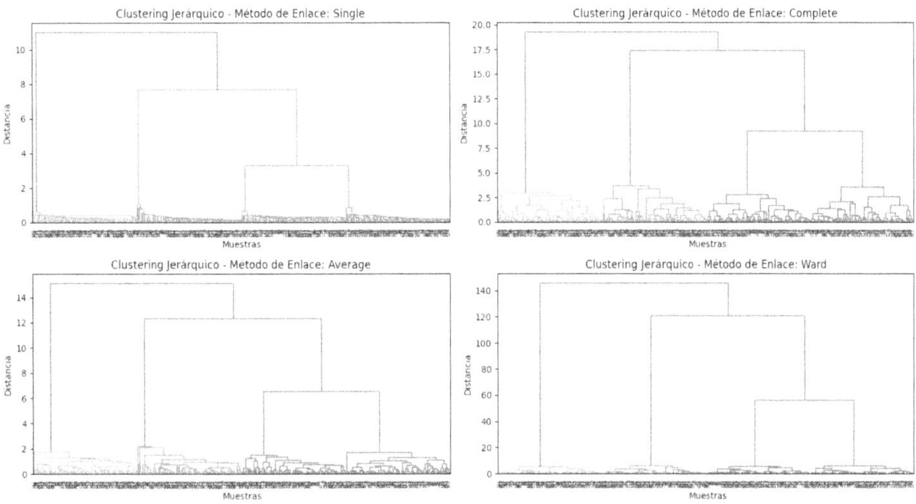

Ejercicio 25: Regularización con Regresión Ridge y Lasso:

Utiliza un conjunto de datos de regresión y aplica regresión Ridge y Lasso para predecir un valor numérico. Experimenta con diferentes valores de regularización para observar su efecto en los coeficientes del modelo y en la capacidad de generalización.

Solución:

Para realizar un ejercicio de regularización con regresión Ridge y Lasso, puedes utilizar un conjunto de datos de regresión y aplicar ambos métodos para predecir un valor numérico. Aquí te muestro un ejemplo utilizando el conjunto de datos de Boston House Prices:

```python
from sklearn.datasets import load_boston
from sklearn.model_selection import train_test_split
from sklearn.linear_model import Ridge, Lasso
from sklearn.metrics import mean_squared_error,
r2_score
import matplotlib.pyplot as plt

# Carga del conjunto de datos de Boston House Prices
boston = load_boston()
X = boston.data
y = boston.target

# División de los datos en conjunto de entrenamiento
y prueba
```

```python
X_train, X_test, y_train, y_test =
train_test_split(X, y, test_size=0.2,
random_state=42)

# Regresión Ridge
alphas = [0.01, 0.1, 1, 10, 100] # Valores de
regularización alpha
ridge_coefs = []
ridge_mse = []
ridge_r2 = []

for alpha in alphas:
 ridge = Ridge(alpha=alpha)
 ridge.fit(X_train, y_train)
 y_pred_ridge = ridge.predict(X_test)

 ridge_coefs.append(ridge.coef_)
 ridge_mse.append(mean_squared_error(y_test,
y_pred_ridge))
 ridge_r2.append(r2_score(y_test, y_pred_ridge))

# Regresión Lasso
lasso_coefs = []
lasso_mse = []
lasso_r2 = []

for alpha in alphas:
 lasso = Lasso(alpha=alpha)
 lasso.fit(X_train, y_train)
 y_pred_lasso = lasso.predict(X_test)

 lasso_coefs.append(lasso.coef_)
 lasso_mse.append(mean_squared_error(y_test,
y_pred_lasso))
 lasso_r2.append(r2_score(y_test, y_pred_lasso))

# Visualización de coeficientes para Ridge y Lasso
plt.figure(figsize=(12, 5))
```

```python
plt.subplot(1, 2, 1)
plt.plot(alphas, ridge_coefs)
plt.title('Coeficientes de Regresión Ridge')
plt.xlabel('Alpha')
plt.ylabel('Coeficientes')
plt.legend(boston.feature_names, loc='best')
plt.xscale('log')

plt.subplot(1, 2, 2)
plt.plot(alphas, lasso_coefs)
plt.title('Coeficientes de Regresión Lasso')
plt.xlabel('Alpha')
plt.ylabel('Coeficientes')
plt.legend(boston.feature_names, loc='best')
plt.xscale('log')

plt.tight_layout()
plt.show()

# Visualización de métricas de evaluación para Ridge
y Lasso
plt.figure(figsize=(8, 5))

plt.plot(alphas, ridge_mse, label='Ridge MSE',
marker='o')
plt.plot(alphas, lasso_mse, label='Lasso MSE',
marker='o')
plt.xscale('log')
plt.xlabel('Alpha')
plt.ylabel('Mean Squared Error (MSE)')
plt.title('MSE en función del Alpha para Ridge y
Lasso')
plt.legend()
plt.show()

plt.figure(figsize=(8, 5))
```

```python
plt.plot(alphas, ridge_r2, label='Ridge R^2',
marker='o')
plt.plot(alphas, lasso_r2, label='Lasso R^2',
marker='o')
plt.xscale('log')
plt.xlabel('Alpha')
plt.ylabel('R^2 Score')
plt.title('R^2 Score en función del Alpha para Ridge
y Lasso')
plt.legend()
plt.show()
```

Este código aplica regresión Ridge y Lasso con diferentes valores de regularización alpha al conjunto de datos de Boston House Prices. Luego, visualiza cómo varían los coeficientes de los modelos, el MSE (Mean Squared Error) y el coeficiente de determinación (R^2) en función del valor de alpha para ambos métodos de regularización. Experimentar con diferentes valores de alpha te permitirá observar cómo afectan los coeficientes del modelo y la capacidad de generalización en cada caso.

Ejercicio 26: Clasificación con Gradient Boosting.

Selecciona un conjunto de datos para clasificación y entrena un clasificador Gradient Boosting (por ejemplo, con XGBoost o LightGBM). Ajusta los hiperparámetros y evalúa el rendimiento del modelo utilizando métricas de evaluación.

Solución:

Aquí tienes un ejemplo de cómo entrenar un clasificador Gradient Boosting utilizando XGBoost en un conjunto de datos para clasificación:

```python
import xgboost as xgb
from sklearn.datasets import make_classification
from sklearn.model_selection import train_test_split
from sklearn.metrics import accuracy_score,
classification_report

# Generación de datos simulados para clasificación
X, y = make_classification(n_samples=1000,
n_features=20, n_informative=10, n_classes=2,
random_state=42)

# División de los datos en conjunto de entrenamiento
y prueba
```

```python
X_train, X_test, y_train, y_test =
train_test_split(X, y, test_size=0.2,
random_state=42)

# Definición del clasificador Gradient Boosting
(XGBoost)
params = {
 'objective': 'binary:logistic',
 'max_depth': 3,
 'learning_rate': 0.1,
 'n_estimators': 100,
 'eval_metric': 'error'
}

xgb_classifier = xgb.XGBClassifier(**params)

# Entrenamiento del modelo
xgb_classifier.fit(X_train, y_train)

# Predicción en el conjunto de prueba
y_pred = xgb_classifier.predict(X_test)

# Evaluación del rendimiento del modelo
accuracy = accuracy_score(y_test, y_pred)
print(f'Accuracy Score: {accuracy:.4f}\n')

print('Classification Report:')
print(classification_report(y_test, y_pred))
```

En este ejemplo, se genera un conjunto de datos simulados para clasificación utilizando `make_classification`. Se divide en conjuntos de entrenamiento y prueba. Luego, se define un clasificador Gradient Boosting utilizando XGBoost (`xgb.XGBClassifier`) con algunos hiperparámetros como `max_depth`, `learning_rate` y `n_estimators`. El modelo se entrena con los datos de entrenamiento y se evalúa su rendimiento en el conjunto de prueba utilizando métricas como la precisión y el informe de clasificación.

Puedes ajustar los hiperparámetros del clasificador para mejorar el rendimiento del modelo y explorar diferentes métricas de evaluación para obtener más información sobre su comportamiento.

Resultado:

```
Accuracy Score: 0.9350

Classification Report:
              precision    recall  f1-score   support

           0       0.98      0.89      0.93       104
           1       0.90      0.98      0.94        96

    accuracy                           0.94       200
   macro avg       0.94      0.94      0.93       200
weighted avg       0.94      0.94      0.93       200
```

Ejercicio 27: Análisis de Componentes Principales (PCA) con Imágenes.

Utiliza un conjunto de datos de imágenes y aplica PCA para reducir la dimensionalidad. Visualiza las imágenes originales y las imágenes reconstruidas después de aplicar PCA para observar la pérdida de información.

Solución:

Vamos a aplicar PCA a un conjunto de datos de imágenes para reducir su dimensionalidad y luego reconstruir las imágenes originales a partir de las componentes principales obtenidas. Para este ejemplo, utilizaré el conjunto de datos MNIST:

```python
from sklearn.datasets import fetch_openml
from sklearn.decomposition import PCA
import matplotlib.pyplot as plt

# Carga del conjunto de datos MNIST
mnist = fetch_openml('mnist_784', version=1)
X = mnist.data
y = mnist.target.astype(int)

# Aplicación de PCA para reducir la dimensionalidad
pca = PCA(n_components=50) # Reducir a 50 
componentes principales
X_pca = pca.fit_transform(X)
```

```python
# Reconstrucción de las imágenes a partir de las
componentes principales
X_reconstructed = pca.inverse_transform(X_pca)

# Visualización de las imágenes originales y
reconstruidas
n = 10 # Número de imágenes a mostrar
plt.figure(figsize=(20, 4))

for i in range(n):
 # Imagen original
 ax = plt.subplot(2, n, i + 1)
 plt.imshow(X[i].reshape(28, 28), cmap='gray')
 plt.title(f'Imagen Original {i + 1}')
 ax.get_xaxis().set_visible(False)
 ax.get_yaxis().set_visible(False)

 # Imagen reconstruida
 ax = plt.subplot(2, n, i + 1 + n)
 plt.imshow(X_reconstructed[i].reshape(28, 28),
cmap='gray')
 plt.title(f'Imagen Reconstruida {i + 1}')
 ax.get_xaxis().set_visible(False)
 ax.get_yaxis().set_visible(False)

plt.tight_layout()
plt.show()
```

En este código, utilizo PCA para reducir la dimensionalidad de las imágenes MNIST a 50 componentes principales. Luego, reconstruyo las imágenes originales a partir de estas componentes y las visualizo junto con las imágenes originales para observar la pérdida de información. Las imágenes reconstruidas muestran cómo se aproxima PCA a recrear las imágenes originales utilizando un número reducido de componentes principales. Experimenta modificando el número de componentes para observar cómo afecta la calidad de la reconstrucción de las imágenes.

Ejercicio 28: Agrupación con K-Means en Datos Simulados 3D:

Genera datos simulados tridimensionales y aplica K-Means para agrupar los datos. Visualiza los grupos en un gráfico 3D para comprender la separación de los clusters en el espacio tridimensional.

Solución:

Aquí tienes un ejemplo de cómo generar datos simulados tridimensionales y aplicar K-Means para agruparlos. Luego, visualizaremos los grupos en un gráfico 3D para comprender la separación de los clusters en el espacio tridimensional:

```python
import numpy as np
import matplotlib.pyplot as plt
from mpl_toolkits.mplot3d import Axes3D
from sklearn.datasets import make_blobs
from sklearn.cluster import KMeans

# Generación de datos simulados tridimensionales
X, _ = make_blobs(n_samples=300, centers=4,
n_features=3, random_state=42)

# Aplicación de K-Means para agrupar los datos
```

```python
kmeans = KMeans(n_clusters=4, random_state=42)
kmeans.fit(X)
labels = kmeans.labels_
centers = kmeans.cluster_centers_

# Visualización de los grupos en un gráfico 3D
fig = plt.figure(figsize=(8, 6))
ax = fig.add_subplot(111, projection='3d')

ax.scatter(X[:, 0], X[:, 1], X[:, 2], c=labels,
cmap='viridis', s=50, alpha=0.7)
ax.scatter(centers[:, 0], centers[:, 1], centers[:,
2], c='red', marker='o', s=200, label='Centroides')

ax.set_xlabel('X')
ax.set_ylabel('Y')
ax.set_zlabel('Z')
ax.set_title('Agrupación con K-Means en Datos
Simulados 3D')
ax.legend()

plt.show()
```

Este código genera datos simulados tridimensionales utilizando `make_blobs`, luego aplica K-Means con 4 clusters a estos datos y asigna etiquetas a cada punto en base a los clusters encontrados. Finalmente, visualiza los grupos en un gráfico 3D, coloreando los puntos según los clusters y mostrando los centroides de cada cluster en rojo. Esta representación tridimensional te permitirá visualizar cómo se agrupan los datos en el espacio tridimensional.

Agrupación con K-Means en Datos Simulados 3D

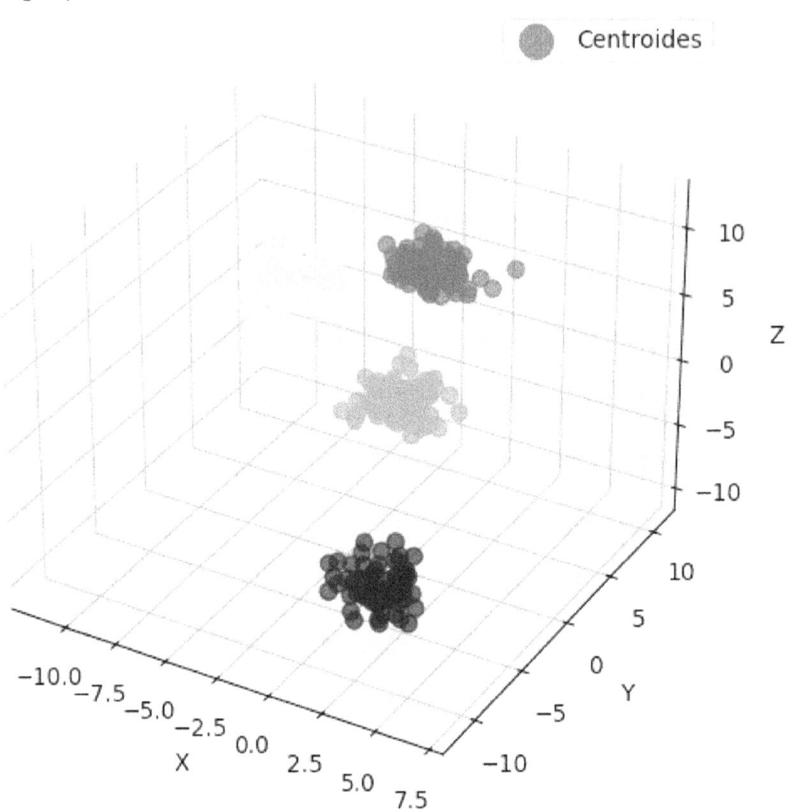

Ejercicio 29: Selección de Características con Árboles de Decisión.

Utiliza un conjunto de datos con múltiples características y aplica métodos como la importancia de características en árboles de decisión para determinar las características más relevantes. Entrena un modelo utilizando solo las características seleccionadas para evaluar su rendimiento.

Solución:

Aquí tienes un ejemplo de cómo utilizar la importancia de características en árboles de decisión para seleccionar las características más relevantes y luego entrenar un modelo con esas características seleccionadas:

```python
from sklearn.datasets import load_diabetes
from sklearn.model_selection import train_test_split
from sklearn.tree import DecisionTreeRegressor
from sklearn.metrics import mean_squared_error, r2_score

# Carga del conjunto de datos (Diabetes dataset)
diabetes = load_diabetes()
X = diabetes.data
y = diabetes.target
```

```python
# División de los datos en conjunto de entrenamiento
y prueba
X_train, X_test, y_train, y_test =
train_test_split(X, y, test_size=0.2,
random_state=42)

# Entrenamiento del árbol de decisión para obtener
la importancia de características
tree = DecisionTreeRegressor(random_state=42)
tree.fit(X_train, y_train)

# Obtención de la importancia de características
feature_importance = tree.feature_importances_
print("Importancia de características:",
feature_importance)

# Seleccionar características más relevantes (por
ejemplo, con importancia mayor a un umbral)
threshold = 0.1
selected_features = [index for index, importance in
enumerate(feature_importance) if importance >
threshold]

print("Características seleccionadas:",
selected_features)

# Entrenamiento del modelo solo con las
características seleccionadas
X_train_selected = X_train[:, selected_features]
X_test_selected = X_test[:, selected_features]

tree_selected =
DecisionTreeRegressor(random_state=42)
tree_selected.fit(X_train_selected, y_train)

# Predicción y evaluación del modelo con
características seleccionadas
```

```python
y_pred_selected = 
tree_selected.predict(X_test_selected)

mse_selected = mean_squared_error(y_test, 
y_pred_selected)
r2_selected = r2_score(y_test, y_pred_selected)

print(f"\nMean Squared Error con características 
seleccionadas: {mse_selected:.4f}")
print(f"R^2 Score con características seleccionadas: 
{r2_selected:.4f}")
```

En este ejemplo, se utiliza el conjunto de datos de diabetes y se entrena un árbol de decisión (`DecisionTreeRegressor`). Luego, se obtiene la importancia de las características utilizando la propiedad `feature_importances_` del modelo entrenado. Después, se seleccionan las características más relevantes según un umbral de importancia. Finalmente, se entrena otro árbol de decisión solo con estas características seleccionadas y se evalúa su rendimiento en el conjunto de prueba. Experimenta ajustando el umbral de importancia para seleccionar diferentes conjuntos de características y evaluar su efecto en el rendimiento del modelo.

Resultado:

Importancia de características: [0.06458641 0.00667276
0.41823226 0.0624936 0.08317685 0.05338883
 0.063936   0.0297882 0.15579517 0.06192992]
Características seleccionadas: [2, 8]

Mean Squared Error con características seleccionadas:
5405.3876
R^2 Score con características seleccionadas: -0.0202

Ejercicio 30: Aprendizaje Semi-Supervisado con Mixture of Gaussians (Mezcla de Gaussianas):

Utiliza un conjunto de datos con datos etiquetados y no etiquetados. Aplica el algoritmo de Mezcla de Gaussianas para realizar predicciones en los datos no etiquetados. Este método es una forma de aprendizaje semi-supervisado que puede asignar etiquetas a datos no etiquetados basándose en una distribución de mezcla de Gaussianas en el espacio de características.

```python
import numpy as np
import matplotlib.pyplot as plt
from sklearn.datasets import make_blobs
from sklearn.mixture import GaussianMixture

# Generación de datos simulados
X_labeled, y_labeled = make_blobs(n_samples=100,
centers=3, random_state=42)
X_unlabeled, _ = make_blobs(n_samples=150,
centers=3, random_state=42)

# Etiquetar solo una parte de los datos
labeled_indices =
np.random.choice(X_unlabeled.shape[0], size=20,
replace=False)
X_labeled = np.vstack([X_labeled,
X_unlabeled[labeled_indices]])
y_labeled = np.hstack([y_labeled, -1*np.ones(20)]) #
Etiquetas desconocidas para datos no etiquetados

# Aplicación del algoritmo de Mezcla de Gaussianas
gmm = GaussianMixture(n_components=3,
random_state=42)
```

```python
gmm.fit(X_labeled)

# Predicción en datos no etiquetados
y_pred_unlabeled = gmm.predict(X_unlabeled)

# Visualización de datos etiquetados y predichos
plt.figure(figsize=(8, 6))
plt.scatter(X_labeled[:, 0], X_labeled[:, 1],
c=y_labeled, cmap='viridis', marker='o',
label='Datos Etiquetados')
plt.scatter(X_unlabeled[:, 0], X_unlabeled[:, 1],
c=y_pred_unlabeled, cmap='viridis', marker='x',
label='Predicción en Datos No Etiquetados')
plt.title('Aprendizaje Semi-Supervisado con Mezcla
de Gaussianas')
plt.legend()
plt.show()
```

Este código genera datos simulados y etiqueta solo una parte de
los datos, dejando el resto como no etiquetados. Luego, aplica el
algoritmo de Mezcla de Gaussianas (**GaussianMixture**) a los datos
etiquetados y utiliza el modelo para realizar predicciones en los
datos no etiquetados. La visualización muestra los datos
etiquetados y la predicción realizada en los datos no etiquetados.
Esta técnica es útil cuando tienes datos sin etiquetas y quieres
asignarles etiquetas basadas en la distribución de los datos
etiquetados.

Resultado:

Aprendizaje Semi-Supervisado con Mezcla de Gaussianas
Datos Etiquetados
Predicción en Datos No Etiquetados

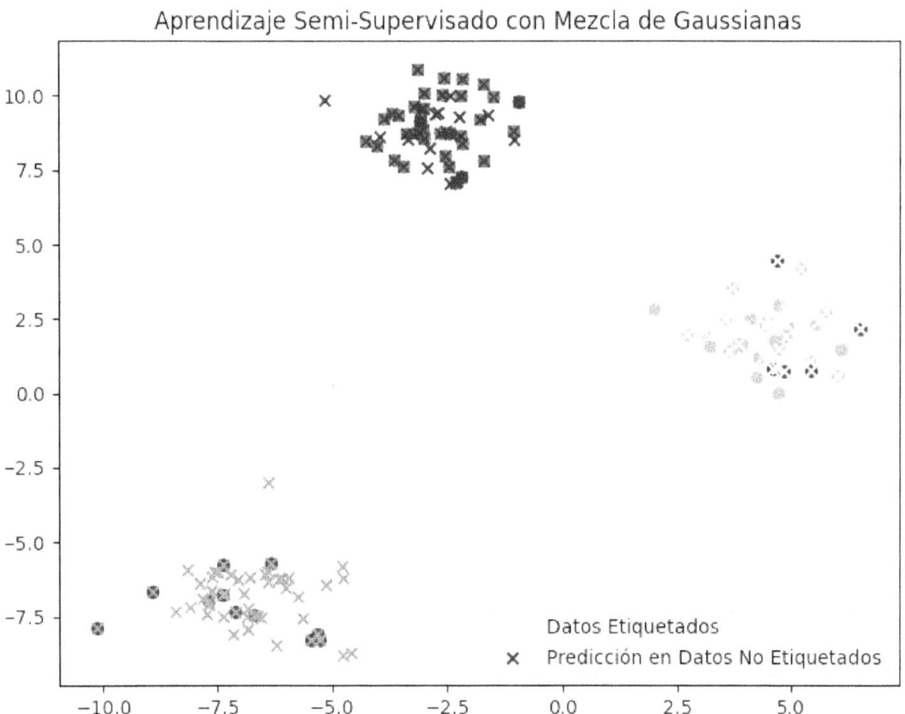

Ejercicio 31: Clustering con K-Means en Imágenes.

Utiliza imágenes y aplica el algoritmo K-Means para agrupar los píxeles en diferentes segmentos de color. Luego, reemplaza los píxeles por los centroides de los clusters para generar una versión comprimida de la imagen.

Solución:

```python
import numpy as np
import matplotlib.pyplot as plt
from sklearn.cluster import KMeans
from PIL import Image

# Carga de la imagen
image = Image.open('ruta_de_la_imagen')  # Reemplaza
'ruta_de_la_imagen' por la ruta de tu imagen

# Conversión de la imagen a un arreglo NumPy
img_array = np.array(image)
plt.imshow(img_array)
plt.title('Imagen Original')
plt.axis('off')
plt.show()

# Obtención de las dimensiones de la imagen
height, width, channels = img_array.shape

# Reformateo de la imagen para trabajar con K-Means
img_reshaped = img_array.reshape((height * width,
channels))
```

```python
# Aplicación de K-Means para agrupar los píxeles
num_clusters = 8  # Número de clusters
kmeans = KMeans(n_clusters=num_clusters,
random_state=42)
kmeans.fit(img_reshaped)
cluster_centers = kmeans.cluster_centers_
cluster_labels = kmeans.predict(img_reshaped)

# Creación de la imagen comprimida
compressed_img =
cluster_centers[cluster_labels].reshape((height,
width, channels)).astype(np.uint8)

# Mostrar la imagen comprimida
plt.imshow(compressed_img)
plt.title('Imagen Comprimida con K-Means')
plt.axis('off')
plt.show()
```

Resultado:

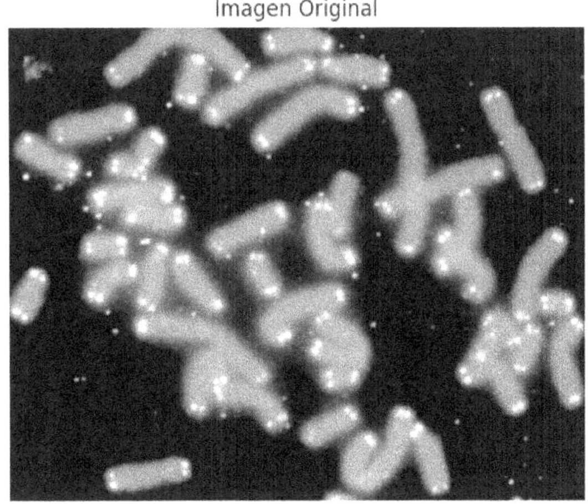

Asegúrate de reemplazar `'ruta_de_la_imagen'` con la ruta de la imagen que deseas utilizar. Este código carga una imagen, aplica el algoritmo K-Means para agrupar los píxeles en diferentes segmentos de color y luego crea una versión comprimida de la imagen utilizando los centroides de los clusters. La imagen comprimida resultante mostrará una representación de la imagen original con un número reducido de colores, basados en los clusters generados por K-Means.

Ejercicio 32: Análisis de Componentes Principales (PCA) para Visualización de Datos

Utiliza un conjunto de datos multidimensional y aplica PCA para reducir la dimensionalidad a dos o tres componentes principales. Luego, visualiza los datos en un espacio de menor dimensión para observar patrones o estructuras.

Solución:

Aquí tienes un ejemplo básico de cómo podrías hacerlo:

```python
import matplotlib.pyplot as plt
from sklearn.datasets import load_iris
from sklearn.decomposition import PCA

# Carga de datos
iris = load_iris()
X = iris.data
y = iris.target

# Aplicación de PCA para reducción de
dimensionalidad a 2 componentes principales
pca = PCA(n_components=2)
X_pca = pca.fit_transform(X)
```

```python
# Gráfico de dispersión para visualizar en 2D
plt.figure(figsize=(8, 6))
for i in range(len(iris.target_names)):
 plt.scatter(X_pca[y == i, 0], X_pca[y == i, 1],
label=iris.target_names[i])
plt.title('PCA para Visualización en 2D')
plt.xlabel('Componente Principal 1')
plt.ylabel('Componente Principal 2')
plt.legend()
plt.show()
```

Este código utiliza el conjunto de datos Iris, aplica PCA para reducir la dimensionalidad a dos componentes principales y luego muestra un gráfico de dispersión en dos dimensiones para visualizar las muestras coloreadas por su clase. Esta técnica es útil para visualizar datos de alta dimensionalidad en un espacio de menor dimensión, facilitando la observación de patrones o estructuras en los datos.

Resultado:

PCA para Visualización en 2D
Componente Principal 2
Componente Principal 1
setosa
versicolor
virginica

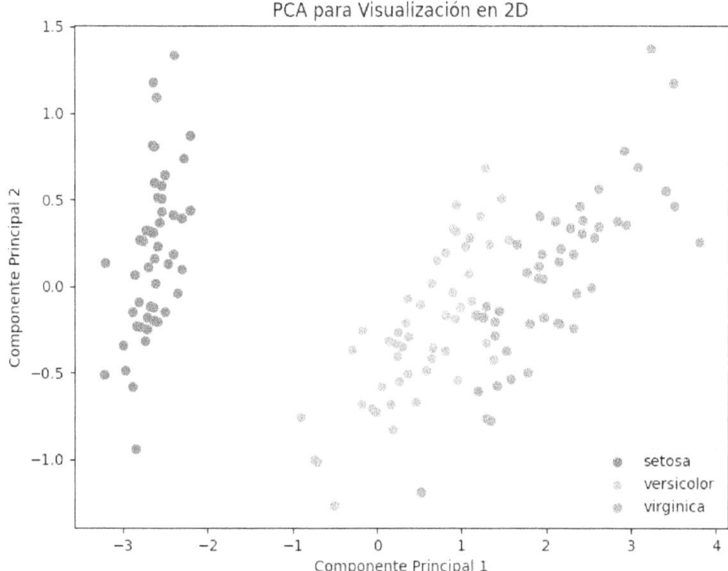

Ejercicio 33: Árboles de Decisión.

Utiliza un conjunto de datos con múltiples características y aplica métodos como la importancia de características en árboles de decisión para determinar las características más relevantes. Entrena un modelo utilizando solo las características seleccionadas para evaluar su rendimiento.

Solución:

 La selección de características es crucial para mejorar la precisión y la eficiencia de los modelos. Aquí tienes un ejemplo que utiliza árboles de decisión para determinar la importancia de las características y luego entrena un modelo utilizando solo las características más relevantes:

```python
from sklearn.datasets import load_iris
from sklearn.model_selection import train_test_split
from sklearn.tree import DecisionTreeClassifier
from sklearn.feature_selection import SelectFromModel
from sklearn.metrics import accuracy_score

# Carga de datos
iris = load_iris()
```

```python
X = iris.data
y = iris.target

# División de los datos en conjunto de entrenamiento
y prueba
X_train, X_test, y_train, y_test =
train_test_split(X, y, test_size=0.2,
random_state=42)

# Entrenamiento del árbol de decisión para obtener
la importancia de características
clf = DecisionTreeClassifier(random_state=42)
clf.fit(X_train, y_train)

# Determinación de la importancia de las
características
feature_importances = clf.feature_importances_

# Seleccionar características con importancia por
encima de cierto umbral
threshold = 0.1 # Umbral de importancia
sfm = SelectFromModel(clf, threshold=threshold)
sfm.fit(X_train, y_train)

# Transformación de los conjuntos de datos a solo
las características seleccionadas
X_train_selected = sfm.transform(X_train)
X_test_selected = sfm.transform(X_test)

# Entrenamiento del modelo utilizando solo las
características seleccionadas
clf_selected =
DecisionTreeClassifier(random_state=42)
clf_selected.fit(X_train_selected, y_train)

# Predicción y evaluación del modelo con
características seleccionadas
```

```
y_pred_selected =
clf_selected.predict(X_test_selected)
accuracy_selected = accuracy_score(y_test,
y_pred_selected)

print(f"Precisión con características seleccionadas:
{accuracy_selected:.2f}")
```

Este código utiliza el conjunto de datos Iris, entrena un árbol de decisión y evalúa la importancia de cada característica. Luego, selecciona las características cuya importancia supere un umbral determinado (`threshold`) y entrena otro modelo de árbol de decisión con estas características seleccionadas. Finalmente, se evalúa la precisión del modelo utilizando solo las características seleccionadas. Este proceso de selección de características puede mejorar el rendimiento del modelo al utilizar solo las características más relevantes para la predicción.

Resultado:

Precisión con características seleccionadas: 0.93

Ejercicio 34: Validación y Ajuste de Hiperparámetros.

Utiliza un conjunto de datos dividido en entrenamiento y prueba.
Realiza validación cruzada y ajuste de hiperparámetros en
diferentes modelos (por ejemplo, SVM, Random Forest) para
mejorar su rendimiento. Utiliza GridSearchCV o
RandomizedSearchCV para encontrar la mejor combinación de
hiperparámetros.

Solución:

Realizar validación cruzada y ajuste de hiperparámetros es una
práctica común para mejorar el rendimiento de los modelos. Aquí
tienes un ejemplo utilizando `GridSearchCV` con SVM y Random
Forest para buscar la mejor combinación de hiperparámetros:

```python
from sklearn.datasets import load_iris
from sklearn.model_selection import train_test_split, 
GridSearchCV
from sklearn.svm import SVC
from sklearn.ensemble import RandomForestClassifier
from sklearn.metrics import accuracy_score
```

```python
# Carga de datos
iris = load_iris()
X = iris.data
y = iris.target

# División de los datos en conjunto de entrenamiento y prueba
X_train, X_test, y_train, y_test = train_test_split(X, y,
test_size=0.2, random_state=42)

# SVM - Ajuste de hiperparámetros con GridSearchCV
svm_param_grid = {
 'C': [0.1, 1, 10],
 'gamma': [0.1, 1, 10],
 'kernel': ['linear', 'rbf']
}

svm_grid_search = GridSearchCV(SVC(random_state=42),
svm_param_grid, cv=5)
svm_grid_search.fit(X_train, y_train)
svm_best_params = svm_grid_search.best_params_

# Random Forest - Ajuste de hiperparámetros con GridSearchCV
rf_param_grid = {
 'n_estimators': [100, 300, 500],
 'max_depth': [None, 5, 10],
 'min_samples_split': [2, 5, 10]
}

rf_grid_search =
GridSearchCV(RandomForestClassifier(random_state=42),
rf_param_grid, cv=5)
rf_grid_search.fit(X_train, y_train)
rf_best_params = rf_grid_search.best_params_

# Evaluación de modelos con los mejores hiperparámetros
svm_best_model = SVC(**svm_best_params, random_state=42)
svm_best_model.fit(X_train, y_train)
```

```python
svm_pred = svm_best_model.predict(X_test)
svm_accuracy = accuracy_score(y_test, svm_pred)

rf_best_model = RandomForestClassifier(**rf_best_params,
random_state=42)
rf_best_model.fit(X_train, y_train)
rf_pred = rf_best_model.predict(X_test)
rf_accuracy = accuracy_score(y_test, rf_pred)

print(f"Precisión del mejor modelo SVM: {svm_accuracy:.2f}")
print(f"Precisión del mejor modelo Random Forest:
{rf_accuracy:.2f}")
```

Este código utiliza el conjunto de datos Iris, realiza una búsqueda exhaustiva de hiperparámetros utilizando `GridSearchCV` para SVM y Random Forest con diferentes combinaciones de hiperparámetros especificados en `svm_param_grid` y `rf_param_grid`, respectivamente. Luego, entrena y evalúa los modelos con los mejores hiperparámetros encontrados. Este enfoque permite encontrar la combinación óptima de hiperparámetros para mejorar el rendimiento de los modelos.

Resultado:

Precisión del mejor modelo SVM: 1.00

Precisión del mejor modelo Random Forest: 1.00

Ejercicio 35: Clasificación con Support Vector Machines (SVM):

Utiliza un conjunto de datos (por ejemplo, Iris o cualquier otro) y entrena un clasificador SVM para clasificar las muestras en diferentes clases. Experimenta con diferentes kernels (lineal, polinomial, RBF) y parámetros para observar cómo afectan la clasificación.

Solución:

Aquí tienes un ejemplo de cómo entrenar un clasificador SVM utilizando diferentes kernels y parámetros, y cómo explorar su impacto en la clasificación. Utilizaremos el conjunto de datos Iris:

```python
from sklearn.datasets import load_iris
```

```python
from sklearn.model_selection import train_test_split

from sklearn.svm import SVC

from sklearn.metrics import accuracy_score


# Cargar el conjunto de datos Iris

iris = load_iris()

X = iris.data

y = iris.target


# Dividir los datos en conjunto de entrenamiento y
prueba

X_train, X_test, y_train, y_test =
train_test_split(X, y, test_size=0.2,
random_state=42)


# Entrenar SVM con diferentes kernels y parámetros
```

```python
kernels = ['linear', 'poly', 'rbf'] # Diferentes
kernels a probar

accuracies = {}


for kernel in kernels:

 if kernel == 'poly':

 for degree in range(1, 4): # Experimentar con
grados polinomiales del 1 al 3

  svm = SVC(kernel=kernel, degree=degree)

  svm.fit(X_train, y_train)

  y_pred = svm.predict(X_test)

  accuracy = accuracy_score(y_test, y_pred)

  accuracies[f'{kernel}_degree_{degree}'] = accuracy

 else:

  svm = SVC(kernel=kernel)

  svm.fit(X_train, y_train)
```

```python
y_pred = svm.predict(X_test)

accuracy = accuracy_score(y_test, y_pred)

accuracies[kernel] = accuracy


# Mostrar las precisiones obtenidas con diferentes
kernels y parámetros

for key, value in accuracies.items():

print(f"Precisión para {key}: {value:.2f}")
```

Este código prueba SVM con diferentes kernels (lineal, polinomial y RBF) y, en el caso de polinomiales, diferentes grados del polinomio. Realiza la clasificación en el conjunto de datos Iris y muestra las precisiones obtenidas para cada configuración. Experimentar con diferentes kernels y parámetros te permitirá observar cómo afectan la precisión del clasificador en la clasificación de las muestras.

Resultado:

```
Precisión para linear: 1.00
Precisión para poly_degree_1: 1.00
Precisión para poly_degree_2: 1.00
Precisión para poly_degree_3: 1.00
Precisión para rbf: 1.00
```

Resumen y repaso de conceptos clave.

A lo largo de este libro, hemos explorado los fundamentos y aplicaciones de Scikit-Learn, una poderosa biblioteca de aprendizaje automático en Python. Comenzamos comprendiendo los conceptos básicos del aprendizaje automático, desde modelos supervisados hasta no supervisados, explorando técnicas de preprocesamiento, validación de modelos y más. Hemos aprendido sobre la construcción de pipelines, la persistencia de modelos y cómo aplicar Scikit-Learn en diversas áreas, desde el procesamiento de texto hasta la detección de fraudes y la predicción de precios.

Recursos adicionales y próximos pasos:

Para continuar tu viaje en el aprendizaje automático con Scikit-Learn, te recomiendo explorar estos recursos adicionales:

- Documentación oficial de Scikit-Learn: Visita la documentación oficial para encontrar guías detalladas, ejemplos y referencias de uso de todas las funciones y métodos de Scikit-Learn.
- Libros y cursos especializados: Hay una variedad de libros y cursos que profundizan en el aprendizaje automático con Scikit-Learn, proporcionando ejemplos prácticos y casos de estudio.
- Comunidad y foros: Únete a comunidades en línea, foros y grupos de discusión dedicados al aprendizaje automático en Python. Estos espacios son excelentes para hacer

preguntas, compartir conocimientos y aprender de otros profesionales.

¡Felicidades por completar tu viaje introductorio en Scikit-Learn! Ahora estás equipado con las herramientas y conocimientos para abordar una variedad de problemas de aprendizaje automático utilizando esta potente biblioteca en Python. ¡Sigue explorando, practicando y aplicando lo aprendido para seguir avanzando en el fascinante mundo del aprendizaje automático!